应用型本科院校“十二五”规划教材/经济管理类

Basic Accounting Exercises and Training

基础会计习题与实训

主　编　杨淑媛　赵丽霞
副主编　李　婧
主　审　吴云飞

哈爾濱工業大學出版社
HARBIN INSTITUTE OF TECHNOLOGY PRESS

内 容 简 介

本教材以2006年财政部颁布的《企业会计准则》、《企业会计准则——应用指南》和新的相关法律、法规为依据，配合由杨淑媛、王涌主编，由哈尔滨工业大学出版社出版的《基础会计》教材，结合2011年黑龙江省高等教育教学改革一般项目“会计教学改革与创新应用型人才培养模式的研究与实践”的研究成果编写而成的。本书共十一章，每章的基本架构是：第一部分学习概要——总揽本章内容，点拨本章重点与难点所在，并进行总结和概括。第二部分小知识——扩充相关会计和法律方面具有实用性的知识，开阔学习者视野。第三部分练习题——结合本章的知识点和考核点，以灵活的题型，巩固和强化所学的理论知识，也通过练习题连贯所学内容，引导学习者进行深入思考；其中实务训练结合各章的内容配有相关的会计实务操作，增强学习者对会计工作的认知和实际动手能力，案例分析把学习者置于会计工作的职场，注重培养学生分析问题和解决问题的能力。第四部分参考答案——便于学习者核对自己答题结果的正确性，检验学习效果，也便于教师教学使用。

本教材可以作为高等学校会计学和财务管理专业的教学用书，同时还可以作为企业会计人员、财务管理人员及经营管理人员的自学用书。

图书在版编目（CIP）数据

基础会计习题与实训/杨淑媛，赵丽霞主编. — 哈尔滨：哈尔滨工业大学出版社，2012.8（2013.3重印）
应用型本科院校“十二五”规划教材
ISBN 978-7-5603-3725-8

Ⅰ. ①基… Ⅱ. ①杨… ②赵… Ⅲ. ①会计学—高等学校—教学参考资料 Ⅳ. ①F230

中国版本图书馆CIP数据核字（2012）第167405号

策划编辑 杜燕 赵文斌
责任编辑 李广鑫
出版发行 哈尔滨工业大学出版社
社　　址 哈尔滨市南岗区复华四道街10号 邮编150006
传　　真 0451-86414749
网　　址 http://hitpress.hit.edu.cn
印　　刷 黑龙江省委党校印刷厂
开　　本 787mm×1092mm 1/16 印张16.25 字数 342千字
版　　次 2012年8月第1版 2013年3月第2次印刷
书　　号 ISBN 978-7-5603-3725-8
定　　价 32.80元

序

哈尔滨工业大学出版社策划的《应用型本科院校"十二五"规划教材》即将付梓，诚可贺也。

该系列教材卷帙浩繁，凡百余种，涉及众多学科门类，定位准确，内容新颖，体系完整，实用性强，突出实践能力培养。不仅便于教师教学和学生学习，而且满足就业市场对应用型人才的迫切需求。

应用型本科院校的人才培养目标是面对现代社会生产、建设、管理、服务等一线岗位，培养能直接从事实际工作、解决具体问题、维持工作有效运行的高等应用型人才。应用型本科与研究型本科和高职高专院校在人才培养上有着明显的区别，其培养的人才特征是：①就业导向与社会需求高度吻合；②扎实的理论基础和过硬的实践能力紧密结合；③具备良好的人文素质和科学技术素质；④富于面对职业应用的创新精神。因此，应用型本科院校只有着力培养"进入角色快、业务水平高、动手能力强、综合素质好"的人才，才能在激烈的就业市场竞争中站稳脚跟。

目前国内应用型本科院校所采用的教材往往只是对理论性较强的本科院校教材的简单删减，针对性、应用性不够突出，因材施教的目的难以达到。因此亟须既有一定的理论深度又注重实践能力培养的系列教材，以满足应用型本科院校教学目标、培养方向和办学特色的需要。

哈尔滨工业大学出版社出版的《应用型本科院校"十二五"规划教材》，在选题设计思路上认真贯彻教育部关于培养适应地方、区域经济和社会发展需要的"本科应用型高级专门人才"精神，根据黑龙江省委书记吉炳轩同志提出的关于加强应用型本科院校建设的意见，在应用型本科试点院校成功经验总结的基础上，特邀请黑龙江省9所知名的应用型本科院校的专家、学者联合编写。

本系列教材突出与办学定位、教学目标的一致性和适应性，既严格遵照学科体系的知识构成和教材编写的一般规律，又针对应用型本科人才培养目标及与之相适应的教学特点，精心设计写作体例，科学安排知识内容，围绕应用讲授理论，做到“基础知识够用、实践技能实用、专业理论管用”。同时注意适当融入新理论、新技术、新工艺、新成果，并且制作了与本书配套的PPT多媒体教学课件，形成立体化教材，供教师参考使用。

《应用型本科院校“十二五”规划教材》的编辑出版，是适应“科教兴国”战略对复合型、应用型人才的需求，是推动相对滞后的应用型本科院校教材建设的一种有益尝试，在应用型创新人才培养方面是一件具有开创意义的工作，为应用型人才的培养提供了及时、可靠、坚实的保证。

希望本系列教材在使用过程中，通过编者、作者和读者的共同努力，厚积薄发、推陈出新、细上加细、精益求精，不断丰富、不断完善、不断创新，力争成为同类教材中的精品。

黑龙江省教育厅厅长

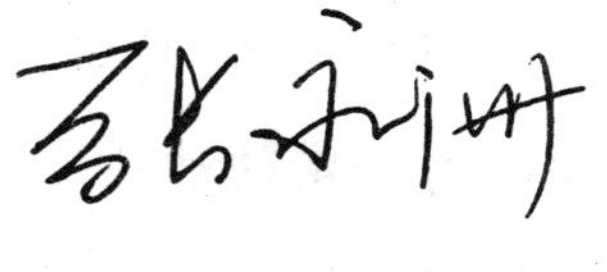

前　言

本教材以2006年2月15日颁布的《企业会计准则》和2006年10月颁布的《企业会计准则——应用指南》和新的相关法律、法规为依据，突破传统基础会计实训教材的局限，本着“理论知识够用、注重所学知识巩固、增强实践技能培养、拓展学生视野”的指导思想，在认真总结多年基础会计的教学研究和实际调研的基础上，充分考虑了现行高校“应用型”人才目标，注重知识与能力同步，过程与方法并行，着眼于“应用型、应试型、创新型”人才的培养，有利于达到“教、学、做、考”四位一体的教学模式，使学生在教、学、做、考一体化的教学过程中，逐步形成“理论讲授—习题强化—仿真模拟—课证融合”的学习体系，从而达到理解和掌握会计的基本理论和基本技能，提高自我学习和取得职业资格证书的能力，锻炼和提高分析问题和解决问题的综合能力，为将来从事会计工作奠定坚实基础。

本教材吸收了传统基础会计类教材的精华和特色，同时更注重体现新的法律、法规、会计理论及实际应用，展现了会计知识和科技发展的最新成果。本书在编写过程中坚持注重基础教学和实际运用相结合的原则；力求由浅入深、结构合理、条理清晰、通俗易懂，并把多年教学和实践经验融入教材之中；突出以就业为导向，从会计职业岗位的需求出发，以会计职业能力培养为重点，全力推行职业能力化训练。

本教材由杨淑媛、赵丽霞担任主编，李婧担任副主编，吴云飞担任主审。杨淑媛和赵丽霞负责设计全书总体框架，拟定编写大纲。全书最后由杨淑媛、赵丽霞进行总纂、定稿。本书编写具体分工如下：第一章、第四章、第五章、第七章、第八章、第九章由杨淑媛执笔；第六章、第十章、第十一章由赵丽霞执笔；第二章、第三章由李婧执笔。

本书在写作过程中参阅和借鉴了同类教材和相关文献，吸收了会计理论的最新成果并汲取了会计专家的意见和建议，另外在资料收集与图章制作过程中，得到学生董林、殷帮林、裴兴才的有力帮助，在此一并致以诚挚的谢意。虽然我们付出了很多艰辛劳动，但由于编者学识有限，书中难免会有不足与疏漏之处，恳请读者指正，以便今后修改完善。

编　者

2012年6月

目　录

第一章　总　论

一、学习概要

本章主要介绍了会计的产生与发展、会计的含义、会计的基本职能、会计的对象与目标、会计的核算方法和会计规范等内容。

（一）基础知识

1. 会计的产生与发展

会计是随着人类社会的生产实践和经营管理活动的客观需要而产生、发展并逐步完善的，是商品经济发展到出现私有制后的产物。

（1）会计的产生。在我国，远在原始社会末期，就有“结绳记事”、“刻契记数”等原始计算记录的方法（会计雏形），这是会计的萌牙阶段。到了西周（前1046～前771年），才有了“会计”的命名和较为严格的会计机构，并开始把会计提高到管理社会经济的地位上来。

（2）会计的发展。会计发展过程中的三个里程碑为：

①1494年11月10日，意大利数学家、会计学家卢卡•帕乔利（Luka Pacioli）在威尼斯出版了他的著作《算术、几何、比及比例概要》一书，该著作系统地介绍了威尼斯的复式记账法，并给予理论上的阐述，标志着近代会计的开端。在会计的发展史上，一般将帕乔利复式簿记著作的出版称为会计史上的第一个里程碑。

②1854年，世界上第一个会计师协会——爱丁堡会计师协会在英国的苏格兰成立。它的成立，说明会计的内容、职能、服务对象开始扩大。世界会计史学家认为，这是会计发展史上的第二个里程碑。

③进入20世纪50年代，随着世界经济的迅猛发展，会计在内容和结构上产生了飞跃性的变化。突出表现在：第一，会计工艺电算化；第二，会计两大领域的形成，即财务会计和管理会计。这种会计工艺的电算化和财务会计与管理会计两个新领域的形成，被认为

是会计发展史上的第三个里程碑，它标志着现代会计的开始。

有的学者认为可将会计发展分为四个阶段：即会计萌芽阶段－古代会计阶段－近代会计阶段－现代会计阶段，如图 1.1 所示。

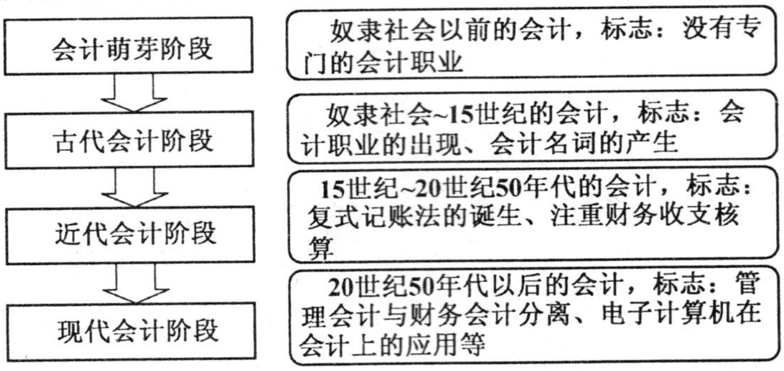

图 1.1　会计发展的四个阶段

2. 会计的含义

我国会计理论学界有多种理解，其中具有代表性的观点是会计管理活动论、会计信息系统论。但这两种观点并不是相互对立的，而是有着相互关联的内在机理，只是双方观察问题的角度和强调的侧重点有所不同。我国企业会计准则认为：会计是以货币为主要计量单位，反映和监督一个单位经济管理活动的经济管理工作。

3. 会计的特点

会计的特点主要有：

（1）以货币为主要计量单位进行会计核算与监督，对于实物单位和劳动单位处于附属地位。

（2）会计对经济活动的核算和监督具有连续性、系统性、全面性和综合性。

（3）会计对经济活动的反映必须以凭证（实际发生的经济业务）为依据。

4. 会计的基本职能

会计的基本职能包括会计核算和会计监督。会计即反映企业日常所发生的经济业务，同时还要监督特定会计主体经营活动的真实性、合理性和合法性。随着社会的发展和技术的进步，以及经济关系的复杂化和管理理论的提高，会计的新职能不断出现。会计具有的职能还应包括控制、分析、预测、决策等。

5. 会计的对象

会计对象是指会计核算和监督的内容，就是社会再生产过程中的资金运动。由于各单位的性质不同，经济活动的内容也不尽相同，因此工业企业的资金循环、商业企业的资金循环和非营利组织的资金循环是不相同的。

工业企业为了进行生产经营活动，必须要拥有一定数量的财产物资，这些再生产过程中财产物资的货币表现就是资金。随着生产经营活动的进行，资金以货币资金－储备资金一生产资金一成品资金一货币资金的形式不断运动，资金投入企业以后依次经过供应、生产、销售三个过程。这三个过程以及资金的投入、周转、退出等经济活动，构成工业企业主要经营过程核算的内容。

6. 会计的目标

会计的目标是指会计行为所要达到的目的和要求。目前有两种观点：

（1）决策有用观。为会计信息使用者进行经济决策提供有用信息。

（2）受托责任观。如实地向委托方报告受托责任履行过程及结果。

7. 会计的方法

会计的方法是用来核算和监督会计对象，达到和实现会计目的的手段。会计方法包括会计核算方法、会计分析方法和会计检查方法。会计核算方法是基础；会计分析方法是会计核算方法的继续和发展；会计检查方法，亦称审计，是会计核算方法和会计分析方法的保证。

会计核算方法主要包括设置账户、复式记账、填制和审核凭证、登记账簿、成本计算、财产清查、编制财务会计报告，这七种专门方法构成一个完整、科学的方法体系，并围绕着“会计凭证—会计账簿—会计报表”这一基本循环进行会计核算。

8. 会计规范

会计规范的内容主要包括：会计法律规范、会计准则规范、内部会计管理制度和会计的职业道德规范。

（1）我国的会计法律制度。包括会计法律（会计法）、会计行政法规（如总会计师条例）、会计规章（如会计基础工作规范、会计档案管理办法）。

（2）我国会计准则。我国现在使用的企业会计准则是2006年颁布的《企业会计准则》共39项（其中1项基本准则、38项具体准则）以及企业会计准则应用指南。

会计作为向决策者提供决策有用信息的一个信息系统，其提供信息的质量是关键所在。提供真实、可靠、公允、及时的会计信息必须有相关的法律、法规和准则做保证，还要遵循内部会计管理制度和会计的职业道德规范，以促进会计工作顺利、健康和有序地进行。

（二）相关知识

1. 会计机构

会计机构是企业根据经济业务需要，设置的从事会计工作、办理会计事项的内部职能部门。会计机构一般称为财会（会计）部（处、科、室）。

企业应当根据经济业务的需要设置会计机构并配备会计机构负责人，或者在有关机构中设置会计人员并指定会计主管人员；不具备设置条件的，应当根据相关规定，委托经批准设立的从事会计代理记账业务的机构代理记账。

单独设置会计机构或在有关机构中设置会计人员并指定会计主管的企业，应当至少设置两名会计人员，即会计机构负责人（会计主管人员）和出纳员；不单独设置会计机构也不在有关机构中设置会计主管人员的企业，应当在有关机构中设置一名出纳员。

2. 会计岗位

会计岗位是指企业设置的从事会计工作、办理会计事项的具体职位。

（1）企业应设置的会计岗位。企业应根据自身规模大小、业务量多少等具体情况设置会计岗位，一般大中型企业应设置会计工作岗位，包括总会计师、会计机构负责人（会计主管人员）、出纳、稽核、资本基金核算、收支往来核算、工资核算、成本费用核算、财务成果核算、财产物资核算、总账核算、对外财务会计报告编制、会计电算化、会计档案管理十四个岗位。小型企业因业务量较少，应适当合并和减少岗位设置，例如，可设置出纳、总账报表和明细分类核算等会计岗位。

注意：医院门诊收费、住院处收费、商场收银及企业销售、服务、采购部门设置的收（付）款岗位及企业内部审计岗位，不属于会计岗位。

（2）会计岗位设置的内部牵制原则。企业应当根据行业、规模、业务量等情况具体设置会计工作岗位。会计工作岗位可以一人一岗，一人多岗或一岗多人。一般具体由会计机构负责人（会计主管人员）拟定岗位设置报企业负责人决定。

出纳人员不得兼管稽核、会计档案保管和收入、成本、费用、债权、债务账目的登记工作；出纳人员以外的会计人员不得经管现金、有价证券和票据；会计机构负责人（会计主管人员）不得兼任出纳和监事工作；会计人员不得兼任内部审计工作；记账人员不得兼任采购员和保管员工作。

（3）会计岗位的轮换。为使会计人员能够全面熟悉各会计岗位的会计工作，企业应制定会计岗位轮换办法，有计划地进行轮换。企业除总会计师、会计机构负责人（会计主管）外的各会计岗位，一般每隔 2～3 年有计划地轮换一次；有所属企业的，会计机构负责人（会计主管）一般在所属企业每隔 3～4 年有计划地轮换一次。会计人员的工作岗位应当有计划地进行轮换，这样做不仅可以激励会计人员不断进取，改进工作作风，而且可以在一定程度上防止违法乱纪现象，既保护了会计人员又保护了企业的财产。

3. 会计人员

会计人员是指依法取得会计从业资格证书并在会计岗位直接从事会计工作的人员。具体包括总会计师、会计机构负责人（会计主管人员）和一般会计人员。

（1）配备会计人员的要求。企业配备会计人员应当遵循精简高效和内部牵制的原则。即在保证会计信息质量和有效会计监督的前提下，以求用最少的人力、物力和时间消耗，圆满地完成会计工作任务。另外会计人员间的分工应当建立在相互监督、相互制约的基础上。

（2）会计人员的继续教育。会计人员应当按照《会计人员继续教育暂行规定》等相关规定参加会计业务的培训，并自觉学习会计及相关专业知识和其相关法规制度。企业应督促会计人员接受继续教育，以不断提高会计人员的专业素质和培养其高尚的职业道德。

（3）会计人员的基本职责权限。会计人员应当依法履行其基本职责权限。会计人员的基本职责权限包括：①按照法律、法规和国家统一的会计制度等规定及会计工作岗位责任制度进行会计核算和实行会计监督；②拒绝接受不真实、不合法的原始凭证，并向企业负责人报告；③退回记载不准确、不完整的原始凭证，并要求按规定更正、补充；④拒绝或者按照职权纠正违反法律、法规和国家统一的会计制度等规定的会计事项；⑤拟定或与有关部门一起拟定并完善本企业的内部会计控制制度；⑥因工作调动或离职应当按规定进行会计工作交接；⑦按规定妥善保管会计档案；⑧对违反《会计法》和国家统一的会计制度的行为，向有关部门进行检举；⑨法律、法规和国家统一的会计制度等规定赋予的其他职责权限。

二、小知识

发票领购

需要领购发票的单位和个人，应当持税务登记证件、经办人身份证明、按照国务院税务主管部门规定式样制作的发票专用章的印模，向主管税务机关办理发票领购手续。主管税务机关根据领购单位和个人的经营范围和规模，确认领购发票的种类、数量以及领购方式，在5个工作日内发给发票领购簿。

单位和个人领购发票时，应当按照税务机关的规定报告发票使用情况，税务机关应当按照规定进行查验。发票实行不定期换版制度。

发票禁止

禁止在境外印制发票。禁止非法代开发票。禁止携带、邮寄或者运输空白发票出入境。

三、练习题

（一）单项选择题

1. 会计的产生与发展是为了满足哪些方面发展的需要。（　　）

A. 科技进步　　B. 生产与管理　　C. 会计信息　　D. 军事

2. 会计综合反映各单位经济活动情况所采用的主要量度是（　　）

A. 实物量度　　B. 货币量度　　C. 劳动量度　　D. 工时量度

3. 会计信息系统认为会计的本质是 ( )

A. 加强经济管理的管理系统

B. 以提高微观经济效益为目的的管理活动

C. 以提供财务信息为主的信息系统

D. 引进组织、控制、调节和指导的管理活动

4. 会计的职能是 ( )

A. 永远不变的

B. 随着生产关系的变更而发展

C. 只有在社会主义制度下才发展

D. 随着社会的发展、技术的进步、经济关系的复杂化和管理理论的提高而不断变化

5. 会计的监督职能不具有 ( )

A. 真实性　B. 主观性　C. 合法性　D. 合理性

6. 会计目标主要有两种学术观点，即 ( )

A. 决策有用观与受托责任观　B. 决策有用观与信息系统观

C. 信息系统观与管理活动观　D. 管理活动观与决策有用观

7. 下列各项中不属于会计核算内容的是 ( )

A. 将库存现金存入银行　B. 接受投资

C. 制订下年度财务计划　D. 赊销材料物资

8. 为促进会计人员全面熟悉业务，会计人员的工作岗位应当有计划地进行 ( )

A. 更改　B. 增减　C. 轮换　D. 变动

9. 会计发展史上的第一个里程碑是 ( )

A. 帕乔利复式簿记著作的出版

B. 生产活动中出现了剩余产品和会计萌芽阶段的产生

C. 1854 年，世界上第一个会计师协会——爱丁堡会计师协会在英国的苏格兰成立

D. 会计学基础理论的创立和会计理论与方法的逐渐分化

10. 下列岗位中属于会计岗位的是 ( )

A. 商场的收银员　B. 医院的收款员　C. 采购人员　D. 记账人员

（二）多项选择题

1. 会计信息的使用者包括 ( )

A. 税务机关　B. 企业管理者　C. 潜在投资者　D. 债权人

2. 会计核算方法包括 ( )

A. 设置账户　B. 会计核算　C. 复式记账　D. 会计分析

3. 会计反映职能的特点是 ( )

A. 反映已发生的经济业务　B. 具有完整性、连续性、系统性

C. 主要利用货币计量　D. 预测未来

4. 会计监督职能的特点是 ( )

A. 事后监督　B. 通过价值指标监督

C. 事前监督　D. 事中监督

5. 企业会计核算的内容 ( )

A. 款项的收发　B. 债权债务的发生与结算

C. 资本的增减　D. 财务成果的计算

6. 以下有关会计基本职能的关系，正确的说法有 ( )

A. 反映职能是监督职能的基础

B. 监督职能是反映职能的保证

C. 没有反映职能提供可靠的信息，监督职能就没有客观依据

D. 没有监督职能进行控制，就不可能提供真实可靠的会计信息

E. 两大职能是紧密结合、相辅相成的

7. 现代会计发展阶段的重要特点可归纳为：计算机代替了手工记账，并形成两大分支，即 ( )

A. 财务管理　B. 会计管理

C. 财务会计　D. 管理会计

E. 审计

8. 为了贯彻内部牵制制度的要求，出纳员不得兼管 ( )

A. 总账的登记工作　B. 会计档案的保管工作

C. 货币资金日记账的登记工作　D. 债权债务明细账的登记工作

（三）判断题

1. 会计的产生和发展与生产和管理的要求发展有着密切关系。 ( )

2. 会计是指以货币为计量单位，反映和监督一个单位经济活动的一种管理活动，是经济管理的重要组成部分。 ( )

3. 会计的对象是指会计核算和监督的内容。 ( )

4. 没有会计监督，会计反映（核算）也就失去了存在的意义。 ( )

5. 会计的方法就是指会计核算的方法。 ( )

6. 在会计核算方法体系中，就其主要工作程序来说，就是登记账簿和编制会计报表。 ( )

7. 各企业、事业单位、行政机关等一般都应单独设置会计机构。但一些规模小、会计

业务简单的单位，也可不单独设置会计机构。 （ ）

8. 出纳人员在完成收付现金、登记现金日记账等本职工作后，为充分发挥其积极性，可由其负责登记债务债权结算的总账。 （ ）

9. 会计人员的职责，就是进行会计核算。 （ ）

10. 会计工作岗位，可以一人一岗、一人多岗或者一岗多人。 （ ）

（四）实务训练

阿拉伯数字和中文数字的书写规范：

会计人员在实际工作中会涉及大量数字的填写，在会计凭证、账簿和报表需要小写的阿拉伯数字，而在票据上既要填写大写的数字，还要填写小写的数字，因此，数字的书写作为会计工作的基本技能就显得十分重要。

1. 阿拉伯数字书写要求

（1）高度。每个数字要紧贴底线书写，其高度不应超过全格的 1/2。除 6、7、9 外，其他数码字高低要一致。6 的上端比其他数字要高出 1/4，7 和 9 的下端比其他数码字伸出 1/4。

（2）角度。各数码字的倾斜度要一致，一般要求上端向右倾斜 45°～60°。

（3）间距。每个数字大小要一致，数码的空隙切勿过大，应保持同等距离，每个数字上下左右要对齐，在印有数位线的凭证、账簿、报表上，每一格只能写一个数字，不得几个数字挤在一个格里，也不得在数字中间留有空格，如图 1.2 所示。

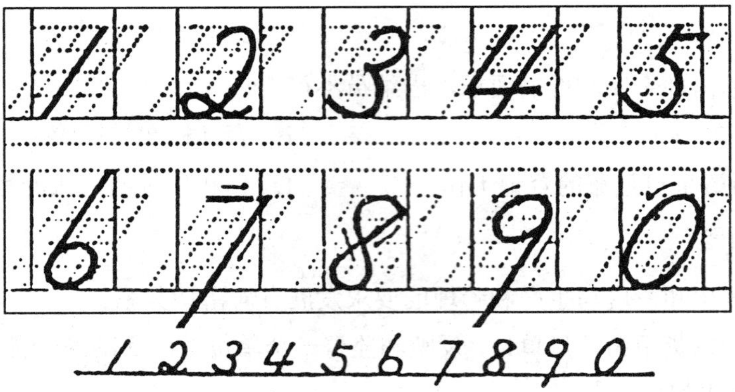

图 1.2 标准的阿拉伯数字书写字体

（4）特色。从事会计工作的人员，要保持个人的独特字体和书写特色；注意分节符号的使用，另外要逐个填写，不得连笔写。

（5）在阿拉伯金额数字前面，应写上人民币符号“￥”，人民币符号与阿拉伯数字之间不得留有空隙。凡阿拉伯数字前写有人民币符号的，数字后面不再写“元”字。所有以元为单位的阿拉伯数字，除表示单价等情况外，一律填写到角分。无角分的，角位和分位可写“00”；有角无分的，分位应写“0”，不能用符号“—”来代替。

2. 中文大写数字的书写要求

（1）中文大写金额数字只能用正楷或行书字来填写，必须用“会计体”汉字，即“壹、贰、叁、肆、伍、陆、柒、捌、玖、拾、佰、仟、万、亿、元、角、分、零、整”等来填写，不应用“一、二、三、四、五、六、七、八、九、十、百、千、另（或令）”等，更不能使用谐音字来代替。大写金额写到“元”或“角”的，在“元”或“角”之后要写“整”字，如：人民币壹拾元整。大写金额有“分”的，“分”字后面不写“整”字。

（2）大写金额前面要冠有“人民币”字样，其与大写金额首位数字之间不能留有空位。

3. 阿拉伯数字与中文数字之间的对应要求

（1）阿拉伯数字中间有“0”时，中文大写金额要写“零”字。如：人民币贰拾元零壹分可以写成￥20.01。

（2）阿拉伯金额数字中间连续有几个“0”时，中文大写金额中间可以只写一个“零”字。如：人民币玖拾万元零壹角整可以写成￥900 000.10。

（3）阿拉伯金额数字万位或元位是“0”或者数字中间连续有几个“0”，万位、元位也是“0”，但千位、角位不是“0”时，中文大写金额中可以只写一个零字，也可以不写“零”字。如：人民币壹拾万零贰仟元叁角整可以写成￥102 000.30。

（4）阿拉伯金额数字角位是“0”，而分位不是“0”时，中文大写金额“元”后面应写“零”字。如：人民币叁仟捌佰元零伍分可以写成￥3 800.05。

（五）案例分析

小出纳　大问题

【案例简介】

案例 1：

2000 年 7 月，原北京某区教委出纳员周某三次挪用、贪污公款达到 211 万元，被法院以挪用公款罪和贪污罪两罪并罚判处有期徒刑 20 年。1985 年，周某到北京某区教育局财务科做出纳，15 年的工作经历使周某对单位的财务状况了如指掌，其中的漏洞也心中有数。周某交代说：“我可以决定提取现金的数量，支票也由我处理，可以随时加盖支票印鉴。在每月同会计对账时，也只是核对总额，而不进行明细账的核对。此外，我挪用公款，银行账上有反映，但我们的银行对账单由我保管，单位也不易察觉。”

案例 2：

2008 年，宁夏某大药房（国有企业）出纳员刘某，被检察机关以涉嫌贪污立案并逮捕。根据银川市检察院指控，2004 年 10 月 20 日至 2008 年 9 月 2 日，刘某在担任宁夏某大药房出纳期间，利用管理单位现金支票的便利，将部分空白现金支票私自留存，并偷盖了单位财务专用章和法定代表人印章。随后，刘某分 246 次从药房银行账户上提取现金 239.9 万多元据为己有。庭审中，据刘某向检察机关交代，这些款项中，150 万元用于炒股，40 多万元用于个人消费，其余用于吸食毒品等方面的挥霍。检察机关认为，应以贪污罪追究刘某的刑事责任。

思考：1. 在这两个案例中，案犯主要是利用企业货币资金管理中的哪些漏洞实施犯罪行为？

2. 结合这两个案例讨论应该如何加强企业货币资金的管理？

【案例提示】

1. 知识点

货币资金及其核算管理漏洞。

（1）货币资金是企业在生产经营过程中处于货币形态的那部分资金，它可立即作为支付手段并被普通接受，因而最具有流动性。货币资金一般包括企业的库存现金、银行存款、外埠存款、银行汇票存款、银行本票存款、信用卡存款和信用证保证金存款等。货币资金是企业资产的重要组成部分，是企业资产中流动性较强的一种资产。任何企业要进行生产经营活动都必须拥有货币资金，持有货币资金是进行生产经营活动的基本条件，对保证企事业单位的正常运转和经营效益意义重大。

（2）货币资金核算管理漏洞的常见形式有：

①贪污现金。其主要手法有：少列现金收入总额或多列现金支出总额；用假发票、假收据及假报销单据进行报销贪污；涂改发票进行报销贪污；利用外单位和本单位对发票管理上的漏洞，将旧收据、旧发票、发票副联重复报销或抵账进行贪污；换用“现金”和“银行存款”科目；头尾不一致；侵吞未入账借款；虚列凭证、虚构内容、贪污现金。

②挪用货币资金。这主要是指企事业单位相关人员上下勾结，不按照国家法律法规规定和企业制度约束，将有特定用途的资金挪作他用。 其主要手法有：利用现金日记账挪用现金；以延迟入账挪用现金；以循环入账挪用现金。

③截留货币资金收入。这主要表现在企事业相关人员，利用工作便利，将各种货币资金收入据为己有或挪作他用。经常采用的方法有：涂改发票截留资金；收款不入账等方法进行贪污；采用编制虚假收款凭证，隐瞒截留收入；收、付银行存款时在账户上收付两方均不入账；上下勾结，截留不属于正常业务的收入，私设小金库。

2. 案例启示

上述两个小案例都是由于企业会计工作中不相容职务不分离导致的。分析本案例，归纳其案发的原因，主要有以下几个方面：

（1）凭证、银行印鉴管理不严。根据会计法规的相关规定，企业的印鉴和结算单据应由专人负责保管，经过一定的程序和恰当授权，相关人员才能使用。然而在实际工作中，很多单位为贪图便利，片面追求效率，往往把不同印鉴交给一人保管。在上述两个案例中，企业银行支票的管理和支票印鉴管理未实行职务分离制度。根据企业会计内部控制制度的要求，保管企业支票的人员不能同时担任支票印鉴的管理工作，如果两种职务都由一人承担，就会给企业货币资金舞弊行为的发生留下隐患。

（2）疏于对支票领用备查簿的检查。按照《公司财务管理制度》等的相关规定，企业应当定期对支票领用备查簿进行检查，了解企业支票的使用状况。而在上述两个案例中，企业显然是疏于这方面的管理的，从而为出纳截留空白支票创造了条件。

（3）岗位轮换不勤。对涉及货币资金管理和控制的业务人员实行定期轮岗制度可以起到对企业资金管理工作进行监督和检查的作用。可以有效地防范贪污、挪用现金行为的发生。但是在本案例中，企业的出纳职务长期由一人担任，这就给出纳人员的舞弊行为创造了条件。

（4）内控制度执行不力，财务检查不细致。在案例 1 中，该单位每月会计与出纳进行对账时，只是核对总账，从来都不核对明细账目。也未按照规定将银行日记账和银行对账单进行核对，这些疏忽使得企业内部监督检查的职能未能有效实施，导致了出纳周某长期贪污而未被发现的后果。

从上述两个案例中不难看出，加强企业内部会计制度的建设，杜绝货币资金舞弊现象迫在眉睫，具体说来，应该从以下几个方面着手：

（1）加强与货币资金有关的票据、印章鉴的管理。企业的印鉴和结算单据应由专人负责保管，经过一定的程序和恰当授权，相关人员才能使用。

（2）建立不相容职务分离制度，并定期进行岗位轮换。单位内部涉及会计工作的岗位、职务应坚持不相容原则，确保不同岗位、职务间权责分明、相互制约、相互监督。要特别强调的是，出纳员不得兼任稽核、会计档案保管和收入、支出、费用、债权债务账目的登记工作；不得由一人办理货币资金业务的全过程。

（3）健全监督机制，加强内部监督。要确保内部会计制度的切实执行，就必须施以有效的监督。这就要求各单位通过建立完整的监督机制来加强内部监督，由内部审计部门会同财务管理部门具体执行内部检查工作。

（4）加强会计人员的业务素质和职业道德教育。要提高会计工作质量和会计队伍的整体素质，会计人员除了要提高自己的业务技能和理论水平之外，还必须树立良好的职业道德风尚，做到爱岗敬业、忠于职守、依法办事、不谋私利，作一名德才兼备的理财者和管理者。

四、参考答案

【练习题】

（一）单项选择题

1. B　2. B　3. C　4. D　5. B　6. A　7. C　8. C　9. A　10. D

（二）多项选择题

1. ABCD　2. AC　3. ABC　4. ACD　5. ABCD　6. ABCDE　7. CD　8. ABD

（三）判断题

1.√　2.×　3.√　4.√　5.×　6.×　7.√　8.×　9.×　10.√

第二章　会计核算基础

一、学习概要

会计核算基础是企业进行会计核算的必备前提和理论指导。通过本章的学习，理解和掌握会计核算的前提条件、会计信息质量的要求及权责发生制和收付实现制的基本方法。

（一）基础知识

1. 会计核算的基本前提

（1）会计假设的基本概念。会计核算的基本前提也称会计基本假设，是对会计核算所处的时间、空间环境所作的合理假定。会计核算对象的确定、会计方法的选择、会计数据的搜集都要以这一系列的前提为依据。会计基本假设包括会计主体、持续经营、会计分期和货币计量四个方面的内容，其基本概念见表 2.1。

表 2.1　基本概念

序号	基本概念	含义及内容
1	会计主体	会计主体又称会计实体、会计个体，是指会计信息所反映的特定单位，它规定了会计核算的空间范围
2	持续经营	持续经营是指在可以预见的将来，企业将会按照当前的规模和状态继续经营下去，不会停业，也不会大规模削减业务，它规定了会计核算的时间范围
3	会计分期	会计分期又称会计期间，是指将一个企业持续经营的生产经营活动划分为一个个连续的、长短相同的期间，以便于分期提供会计信息
4	货币计量	货币计量是指会计主体在会计核算过程中采用货币作为计量单位，计量、记录和报告会计主体的生产经营活动

（2）会计假设的意义。会计假设的意义见表 2.2。

表 2.2　会计假设的意义

序号	会计假设	意义
1	会计主体	①明确了核算的空间范围，解决了会计核算谁的经济业务、为谁记账的问题
		②是持续经营、会计分期和货币计量假设和全部会计质量要求原则建立的基础
2	持续经营	①明确了会计核算的时间范围和内容（资金正常运动期间发生的经济活动）
		②是“会计分期”假设和实际成本原则和配比原则等建立的基础
3	会计分期	①解决了会计核算的基本程序，明确了何时记账、算账和报账
		②可以分期结算账目、编制财务会计报告，提供会计信息
4	货币计量	①货币是商品的一般等价物，能用以计量所有会计要素，也便于综合
		②使历史成本原则、可比性原则等原则的建立成为可能

2. 会计信息质量要求

（1）概念。会计信息质量要求是对企业财务报告中所提供会计信息质量的基本要求，是使财务报告中所提供会计信息对投资者等使用者决策有用应具备的基本特征。我国《企业会计准则》规定的会计信息质量要求主要包括可靠性（真实性）、相关性、可理解性、可比性、实质重于形式、重要性、谨慎性和及时性等。

（2）内容。会计信息质量要求的内容见表 2.3。

表 2.3　会计信息质量要求的内容

序号	会计信息质量要求	会计信息质量要求内容
1	可靠性	企业应当以实际发生的交易或事项为依据进行会计确认、计量和报告，如实反映符合确认和计量要求的各项会计要素及其他相关信息，保证会计信息真实可靠，内容完整
2	相关性	企业提供的会计信息应当与财务会计报告使用者的经济决策需要相关，有助于财务会计报告使用者对企业过去、现在或将来的情况做出评价或者预测
3	可理解性	企业提供的信息应当清晰明了，便于财务会计报告使用者理解和运用
4	可比性	企业提供的会计信息应当具有可比性。同一企业在不同时期的纵向可比；不同企业在同一时期的横向可比
5	实质重于形式	企业应当按照交易或者事项的经济实质进行会计确认、计量和报告，不应仅以交易或者事项的法律形式作为依据
6	重要性	企业提供的会计信息应当反映与企业财务状况、经营成果和现金流量有关的所有重要交易或者事项
7	谨慎性	谨慎性又称稳健性原则或保守性原则。企业对交易或者事项进行会计确认、计量和报告应当保持应有的谨慎，不应高估资产或者收益、低估负债或费用
8	及时性	企业对于已经发生的交易或者事项，应当及时进行会计确认、计量和报告，不得提前或者延后

3. 会计核算确认基础

（1）权责发生制。权责发生制也称应计制或应收应付制，它是以权利和责任是否在本期取得或发生为标志，来确定本期收入和费用的一种会计核算基础。其主要内涵是：凡是当期已经实现的收入和已经发生或应当负担的费用，不论其款项是否在本期收付，都应当作为本期的收入和费用处理；凡是不属于当期的收入和费用，即使款项已在本期收付，也不应作为本期的收入和费用。也就是说，它是以权益和责任的发生来决定收入和费用的归属期，即凡是权益和责任已经在本期发生，不论其款项是否在本期实际收付，都应计入本期内。反之，凡是权益和责任没有在本期发生，即使收付在本期已经实现，也不应计入本期内。

（2）收付实现制。收付实现制又称现金制或实收实付制，它是以现金收到或付出为标准，来记录收入的实现和费用的发生。其主要内涵是：某项收入若在本期内收到了款项，不论该项收入的权利是否在本期取得，都作为本期收入处理。凡是某项费用在本期内实际付出了款项，不论该项费用的责任是否应由本期负担，均作为本期费用处理。

（3）权责发生制与收付实现制的区别。权责发生制与收付实现制的区别见表 2.4。

表 2.4　权责发生制与收付实现制的区别

	举　例	权责发生制	收付实现制
第一种情况	1 月份取得一年的房屋租金收入	1 月份：租金收入为一年收入的 1/12；其余部分在 1 月份来看为预收收入	全部作为 1 月份的收入
第二种情况	1 月份支付全年的报刊费	1 月份：报刊费仅为整笔支出的 1/12；其余部分在 1 月份来看为预付费用	全部作为 1 月份的费用
第三种情况	与购货单位签订合同，分别在 1、2、3 月份给购货单位三批产品，货款于 3 月末一次付清	分别作为 1、2、3 月份的收入；1、2、3 月份应收而未收的收入为应计收入	全部作为 3 月份的收入
第四种情况	3 月份支付 1、2、3 月的银行借款利息	分别作为 1、2、3 月份的费用；1、2 月份应付而未付的费用为应计费用	全部作为 3 月份的费用
第五种情况	本期内收到的款项就是本期应获得的收入，本期内支付的款项就是本期应负担的费用，按权责发生制和收付实现制确认收入和费用的结果是完全相同的		

（二）相关知识

1. 代理记账

《会计法》第 36 条明确规定：“不具备设置条件的应当委托经批准设立从事会计代理记账业务的中介机构代理记账。”代理记账是指将本企业的会计核算、记账、报税等一系列的会计工作全部委托给专业记账公司完成，本企业只设立出纳人员，负责日常货币收支业务和财产保管等工作。

2. “帐”与“账”

“帐”字本身与会计核算无关，在商代，人们把帐簿叫作“册”；从西周开始又把它更名为“籍”或“籍书”；战国时代有了“簿书”这个称号；西汉时，人们把登记会计事项的帐册称为“簿”。据现有史料考察，“帐”字引申到会计方面起源于南北朝。

南北朝时，皇帝和高官显贵都习惯到外地巡游作乐。每次出游前，沿路派人设置帏帐，帐内备有各种生活必需品及装饰品，奢侈豪华，供其享用，此种帏帐称之为“供帐”。供帐内所用之物价值均相当昂贵，薪费数额巨大，为了维护这些财产的安全，指派专门官吏掌管并实行专门核算，在核算过程中，逐渐把登记这部分财产及供应之费的簿书称为“簿帐”或“帐”，把登记供帐内的经济事项称为“记帐”。以后“簿帐”或“帐”之称又逐渐扩展到整个会计核算领域，后来的财计官员便把登记日用款目的簿书通称作“簿帐”或“帐”，又写作“账簿”或“账”。从此，“帐”“账”就取代了一切传统的名称。在 1983 年中国社会科学院语言研究所词典编辑室编辑的《现代汉语词典》中，把“账”字归入“帐”字第 2 义项之中，即把关于货币、货物出入记载意义的 “账”字归并到“帐”字中，“账”字并无单独解释。在 1994 年中国社会科学院语言研究所词典编辑室编辑的《现代汉语词典》中，把“帐”和“账”分开单独注释。“帐”字两层含义，一是用布、纱或绸子等做成的遮蔽用的东西，如帐幕、帐篷；二是“帐”同“账”。“账”字专用于关于货币、货物出入记载，如账本、账簿等。由此可见，“帐”字含义比“账”字含义广一些，“帐”字通“账”字，换言之，有关货币、货物出入记载的用账或帐均可。新近颁布的《会计法》中有关帐簿的帐字，《人民日报》刊发时用的是“帐”字而未用“账”字；而在财政部会计司新近印发的一些文件中见到的是“账”字而不是“帐”。既然《现代汉语词典》中说“帐”通“账”（注意不是“账”同“帐”，“帐篷”是不能写成“账篷”的），帐簿、帐本、帐目中的“帐”字，用帐、账均可。不过，在通篇财务报告、报表附注中应力求一致。

二、小知识

发票开具

销售商品、提供服务以及从事其他经营活动的单位和个人，对外发生经营业务收取款项，收款方应当向付款方开具发票；特殊情况下，由付款方向收款方开具发票（如向农民收购农副产品时）。取得发票时，不得要求变更品名和金额。

不符合规定的发票，不得作为财务报销凭证，任何单位和个人有权拒收。

开具发票应当按照规定的时限、顺序、栏目，全部联次一次性如实开具，并加盖发票专用章。

三、练习题

（一）单项选择题

1. 确定会计核算工作空间范围的前提条件是　（　　）
   A. 会计分期　B. 会计假设　C. 会计期间　D. 会计主体
2. 企业对于已经发生的交易或者事项，应当及时进行会计确认、计量和报告，不得提前或者延后，这体现的是　（　　）
   A. 及时性　B. 相关性　C. 谨慎性　D. 重要性
3. 强调某一企业各期提供的会计信息应当采用一致的会计政策，不得随意变更的会计核算质量要求的是　（　　）
   A. 可靠性　B. 相关性　C. 可比性　D. 可理解性
4. 企业提供的会计信息应有助于财务会计报告使用者对企业过去、现在或者未来的情况做出评价或者预测，这体现了会计核算质量要求的是　（　　）
   A. 相关性　B. 可靠性　C. 可理解性　D. 可比性
5. 为准确地提供经营成果和财务状况的资料，以便进行会计信息的对比，必须具备的前提条件是　（　　）
   A. 货币计量　B. 持续经营　C. 会计分期　D. 会计主体
6. 会计分期存在的基础是　（　　）
   A. 会计主体　B. 权责发生制　C. 持续经营　D. 货币计量
7. 权责发生制和收付实现制的区别，是由于　（　　）

A. 会计主体的确定　　B. 持续经营假设的确定
C. 会计要素的划分　　D. 会计期间的确定

8. 通过银行收到销货款 62 000 元，其中包括属于上月应收的 12 000 元，本月应收的 40 000 元，预收下月的 10 000 元。在收付实现制下，本月的收入应为（　）
A. 50 000 元　B. 62 000 元　C. 40 000 元　D. 52 000 元

9. 在收付实现制下，对已支付的下半年报刊订阅费作本期费用处理，而在权责发生制下则应作的处理是（　）
A. 应计费用　B. 预付费用　C. 本期费用　D. 下期费用

10. 在收付实现制下，应列作本期费用的是（　）
A. 以银行存款支付的上月电费　　B. 尚未支付的本月电费
C. 本月仍未支付的上月欠交电费　　D. 尚未支付的本月水费

11. 对应收账款在会计期末提取坏账准备金这一做法所体现的原则是（　）
A. 配比原则　B. 重要性原则　C. 谨慎性原则　D. 客观性原则

12. 承租人应将融资租赁方式租入的固定资产视为其自有的固定资产进行会计核算，这一点符合（　）
A. 谨慎性原则　　B. 权责发生制原则
C. 重要性原则　　D. 实质重于形式原则

13. 企业于 4 月初用银行存款 1 200 元支付第二季度房租，4 月末仅将其中的 400 元计入本月费用，这符合（　）
A. 配比原则　　B. 权责发生制原则
C. 收付实现制原则　　D. 历史成本计价原则

14. 企业的会计期间是（　）
A. 自然形成的　B. 人为划分的　C. 一个周转过程　D. 营业年度

15. 作为会计核算的基本前提，将一个会计主体持续的生产经营活动划分为若干个相等的会计期间的是（　）
A. 持续经营　B. 会计年度　C. 会计分期　D. 会计主体

16. 下列属于会计计量基础的是（　）
A. 权责发生制　B. 会计主体　C. 持续经营　D. 货币计量

17. 会计人员在国家允许的范围内选择会计方法时，应尽量避免会导致企业虚增盈利水平的处理方法，体现了会计的（　）
A. 可靠性原则　B. 相关性原则　C. 重要性原则　D. 谨慎性原则

18. 企业在会计核算中，应当以实际发生的经济业务为依据，如实反映财务状况和经营成果，应遵循的原则是（　）
A. 相关性原则　B. 可比性原则　C. 及时性原则　D. 可靠性原则

19. 为使企业会计记录和会计信息清晰明了，便于理解和使用，应贯彻的会计核算原则是　(　　)

A. 可靠性原则　B. 可比性原则　C. 及时性原则　D. 可理解性原则

20. 下列属于会计核算时间范围假设的是　(　　)

A. 会计主体　B. 持续经营　C. 法律主体　D. 货币计量

（二）多项选择题

1. 会计主体前提条件解决并确定了　(　　)

A. 会计核算的空间范围　B. 会计核算的时间范围

C. 会计核算的计量问题　D. 会计为谁记账的问题

E. 会计核算的标准质量问题

2. 会计主体应具备的条件是　(　　)

A. 必须为法人单位

B. 具有一定数量的经济资源

C. 独立地从事生产经营活动或其他活动

D. 实行独立核算

E. 盈利企业

3. 在有不确定因素情况下做出合理判断时，下列事项符合谨慎性会计信息质量要求的是　(　　)

A. 设置秘密准备，以防备在利润计划完成不佳的年度转回

B. 不要高估资产和预计收益

C. 合理估计可能发生的损失和费用

D. 尽可能低估负债和费用

4. 会计核算的基本前提包括　(　　)

A. 会计主体　B. 持续经营　C. 会计分期　D. 货币计量

5. 相关性要求所提供的会计信息　(　　)

A. 满足企业内部加强经营管理的需要

B. 满足国家宏观经济管理的需要

C. 满足有关各方面了解企业财务状况和经营成果的需要

D. 满足提高全民素质的需要

6. 不管在权责发生制下还是在收付实现制下均应作为本期收入和费用的有　(　　)

A. 本月售货，价款已收到　B. 以银行存款支付本月保险费

C. 上月售货，价款本月收到　D. 以银行存款预付下月办公楼租金

E. 以现金支付本月办公费

7. 按我国《企业会计准则》的规定，会计期间包括 ( )

A. 旬　B. 半月　C. 月度　D. 季度　E. 年度

8. 权责发生制与收付实现制相比，在确认收入、费用更合理的是 ( )

A. 权责发生制更符合配比原则

B. 权责发生制的会计处理更为简单

C. 权责发生制需要对账簿记录进行账项调整，而收付实现制不需要

D. 权责发生制能恰当地反映具体某一会计期间的经营成果

E. 收付实现制下的本期损益更为科学

9. 可比性原则强调的一致是指 ( )

A. 会计处理方法一致　B. 企业前后期一致

C. 会计指标计算口径一致　D. 横向企业间一致

E. 收入和费用一致

10. 下列属于谨慎性会计信息质量要求的有 ( )

A. 对其他收款计提坏账准备　B. 对固定资产采用双倍余额递减法计提折旧

C. 计提无形资产的减值准备　D. 对取得的原材料采用历史成本计价

11. 以下哪种会计假设确立了会计核算的时间长度 ( )

A. 会计主体　B. 持续经营

C. 会计分期　D. 货币计量

E. 权责发生制

12. 下列说法正确的有 ( )

A. 会计人员只能核算和监督所在主体的经济业务，不能核算和监督其他主体的经济业务

B. 会计主体可以是企业中的一个特定部分，也可以是几个企业组成的企业集团

C. 会计主体一定是法律主体

D. 会计主体假设界定了从事会计工作和提供会计信息的空间范围

13. 下列说法正确的有 ( )

A. 在境外设立的中国企业向国内报送的财务报告，应当折算为人民币

B. 业务收支以外币为主的单位可以选择某种外币为记账本位币

C. 会计核算过程中采用货币为主要计量单位

D. 我国企业的会计核算只能以人民币为记账本位币

14. 下列属于实质重于形式会计信息质量要求的是 ( )

A. 将融资租入的固定资产视为企业自有固定资产进行核算

B. 售后回购

C. 售后回租

D. 权责发生制

15. 下列属于会计信息质量特征的是 (　　)

A. 客观性　B. 相关性　C. 可比性　D. 一贯性

16. 会计假设是对会计核算和控制的以下方面加以限制 (　　)

A. 空间范围　B. 时间界限

C. 会计对象　D. 计量手段

E. 会计环境

17. 下列组织可以作为一个会计主体进行独立核算的有 (　　)

A. 独资企业　B. 独立核算的销售部门

C. 母公司　D. 子公司

E. 母公司及其子公司组成的企业集团

18. 在权责发生制和收付实现制下不应同时确认收入和费用的有 (　　)

A. 预收的货款　B. 预付的费用

C. 计提银行借款利息　D. 分期收款

E. 收到前期销售货物的销货款

19. 下列说法中正确的是 (　　)

A. 权责发生制要求凡属于本期已经实现的收入，不论款项是否收到，均应作为当期的收入

B. 权责发生制要求凡不属于本期的收入，即使款项已经收到，也不应作为当期的收入

C. 权责发生制要求以收到和支付现金作为确认收入和费用的依据

D. 权责发生制要求凡属于本期已经发生或负担的费用，无论款项是否支付，均应作为当期的费用

E. 权责发生制要求凡不属于本期的费用，即使款项已经支付，也不应作为当期的费用

20. 对于谨慎性原则以下说法正确的有 (　　)

A. 企业应当高估资产和收益　B. 企业不应高估资产和收益

C. 企业应当低估负债和费用　D. 企业不应低估负债和费用

E. 企业在对交易或事项进行会计确认、计量和报告时应当保持应有的谨慎

（三）判断题

1. 我国所有企业的会计核算都必须以人民币作为记账本位币。 (　　)

2. 会计核算的基本前提包括会计主体、持续经营、会计分期和货币计量。 (　　)

3. 会计核算的可比性是指会计核算方法前后各期应当保持一致，不得变更。 (　　)

4. 谨慎性要求凡是不属于当期的收入和费用，即使款项已在当期收付，也不应当作为当期的收入和费用。 ( )

5.《企业会计准则》规定，会计的确认、计量和报告应当以权责发生制为基础。 ( )

6. 收付实现制不考虑收入和费用的收支期间与其归属期间是否一致的问题。 ( )

7. 在权责发生制下，本月预收下月货款存入银行应列作本月收入。 ( )

8. 目前我国的行政单位会计采用的会计基础，主要是应收应付制。 ( )

9. 按年度划分的会计期间称为会计年度。会计年度有公历年度，也有非公历年度。 ( )

10. 企业选择不导致虚增资产、多计利润的做法，所遵循的是会计的真实性原则。 ( )

11. 会计主体均为法人。 ( )

12. 企业会计的对象就是企业的资金运动。 ( )

13. 我国企业会计采用的计量单位只有一种，即货币计量。 ( )

14. 会计只有会计核算与会计监督两个职能。 ( )

15. 持续经营假设是假设企业可以永久存在，即使进入破产清算，也不应该改变会计核算方法。 ( )

16. 会计循环必须在会计前提条件下进行，没有这些前提条件，会计循环就不能进行。 ( )

17. 收付实现制适用于企业单位，权责发生制适用于行政事业单位。 ( )

18. 企业在选择和运用会计政策时，应贯彻实质重于形式的原则。 ( )

19. 企业对交易或者事项进行确认、计量和报告时，应该仅仅以交易或者事项的法律形式为依据，不应该考虑其经济实质。 ( )

20. 在会计实际工作中，为了完成任务，实现参与经济预测和决策的职能，除了采用会计核算的基本方法外，还会运用对比分析、因素分析、直线回归分析等一些其他方法。 ( )

(四) 案例分析

【案例简介】

案例 1：

王浩同学打算利用 7、8 月暑期在大自然海滨浴场租赁一个小摊位，开设一家销售夏季用品的公司，拟取名“海滩小屋”，主营销售太阳镜、泳装、防晒用品以及冷饮。经过充分的市场调查，王浩估计7至8月间每月会有20 000元的销售额，所需商品的购买成本为10 000元，摊位租金1 200元，雇员薪酬1 500元，杂费600元。王浩决定于6月底投入18 000元，用来购买最初的商品存货，支付租金、第一周雇员薪酬以及杂项支出，正式启动自己的首次创业计划。

要求：

1. 假设你作为“海滩小屋”会计主管，请分析下列事项对会计要素及会计等式的影响：

（1）王浩投入“海滩小屋”15 000元现金。

（2）用现金10 000元购买商品。

（3）取得18 000元的销售收入。

（4）支付摊位租金1 200。

（5）支付雇员薪酬1 500元。

（6）支付杂费600元。

2. 想象并举例：

（1）王浩开设“海滩小屋”可能面临的风险。

（2）王浩投入此项目的机会成本。

案例2：

红苹果室内装饰工程公司是由刘扬和王婷婷合伙创建的，最近发生了如下经济业务，单位会计作了如下会计处理。

（1）6月6日，刘扬从公司出纳员处取出500元现金用来招待自己家人吃饭，会计将500元计入公司管理费支出，理由是：刘扬是公司合伙人，公司的钱有刘扬的一部分。

（2）6月15日，会计将6月1~15日的收入、费用汇总后计算出半个月的利润，并编制了财务报表交送公司领导。

（3）6月17日，公司收到某外资企业的工程款9 000美元，会计没有将其折算为人民币反映，而是直接记到美元账户中。

（4）6月30日，计提固定资产折旧，采用直线法，而本月前计提折旧均采用年数总和法。

（5）6月30日，财务人员在公司所编制的对外报表中显示“应收账款”100 000元，但没有做“坏账准备”项目。

（6）6月30日，公司预付下季度报刊费600元，会计将其作为6月份的管理费用处理。

案例 3：

上市公司岂是“唐僧肉”

截止到 2001 年 4 月 25 日，沪深两市共有 1 073 家上市公司公布了年报。对这些公司年报进行统计可以发现，有 332 家公司的关联企业存在侵害上市公司权益的现象，占公布年报公司总数约 30.94％。

大股东侵害上市公司权益造成的危害是十分严重的。表现在：

（1）损害了中小股东的合法权益。上市公司的中小股东，由于持股数量少，且比较分散，在上市公司中处于弱势地位。大股东侵害了上市公司的利益，相应地也就损害了中小股东的利益，大股东多占有的利益就是中小股东损失的利益。而一旦上市公司破产清算，中小股东受害将是最严重的。

（2）影响了上市公司的正常经营。受大股东侵害最直接的是上市公司。资金被关联企业占用，轻者减少收入，至少是减少了利息收入，重者影响公司的正常经营，因为公司虽然经常会有资金从生产过程中流出，但那是企业经营的正常现象，而不是资金多余，若这些资金被占用，企业的经营难以为继。

从实际情况看，凡是关联企业侵害上市公司利益严重的案例中，上市公司经营都受到了严重损害，有的业绩大幅滑坡，有的出现连年亏损，有的甚至到了破产边缘。ST 猴王、ST 幸福就是如此。

根据上述材料，谈谈你对会计主体这个基本假设的认识。

【案例提示】

案例 1：

（1）本案例涉及的会计要素有资产（库存现金、库存商品）、负债（应付职工薪酬）、所有者权益（实收资本）、收入（主营业务收入）、费用（管理费用）、利润。以上业务发生既影响资产负债表又影响利润表，王浩本月赚了 4 700 元（18 000-10 000-1 200-1 500-600）。

（2）企业经营的五大风险为：决策风险 、筹资风险、质量风险、技术风险、人员风险（资金投入的风险、商品质量的风险、商品价格的风险、销售技术的风险、顾客偏好的风险）。

机会成本：一种资源（如资金或劳力等）用于本项目而放弃用于其他机会时，所可能损失的利益。

案例 2：

（1）刘扬从公司取钱用于私人开支，并不属于公司的业务，不能作为公司的管理费支出，应由他自己负担，所以，该公司会计的行为违背了会计主体假设。

（2）6 月 15 日，编制 6 月 1~15 日的财务报表是临时性的。我国会计分期假设规定的会计期间为年度、半年度、季度和月度。

（3）在我国，会计核算以人民币作为记账本位币，业务收支以人民币以外的货币为主的企业，可以选定其中一种货币作为记账本位币。该会计直接将 9 000 美元记账，需要看该公司究竟以何种货币作为记账本位币。

（4）计提折旧，前后期采用不同的计算方法，这违背了会计上的可比性原则。

（5）按照谨慎性原则，财务人员应对应收账款计提坏账准备，但该公司的对外报表并未体现。

（6）预付报刊费，应在受益期间内摊销，不能计入支付当期的费用，这违背了权责发生制原则。

案例 3：

会计主体明确会计核算必须站在具体企业的立场上观察、判断和记录所发生的经济业务，必须将企业所有者及其他利益团体的经济业务与企业自身业务区分开来。

有了会计主体假设，会计处理的经济业务和财务报告才可以按特定的主体来识别，会计所讲的资产、负债、所有者权益、收入、费用等都是针对特定会计主体而言的，这样就很容易将企业的经济业务与所有者及其他利益团体的经济业务加以区分。会计主体确定了会计的独立性；会计应该站在企业的立场上，为企业全体所有者服务，而不应被企业某个所有者或企业以外的任何利益团体所操纵。

上市公司大股东与上市公司是不同的会计主体，其利益有一致的一面，但是也有不一致的一面，不可混为一谈。明确各个会计主体的权力和责任，强调会计主体的独立性，对于规范公司运行、防范上市公司大股东侵占中小股东利益，具有重要的意义。

四、参考答案

【练习题】

（一）单项选择题

1. D	2. A	3. C	4. A	5. C	6. C	7. D	8. B	9. B	10. A
11. C	12. D	13. B	14. B	15. C	16. A	17. D	18. D	19. D	20. B

（二）多项选择题

1. AD	2. BCD	3. BC	4. ABCD	5. ABC	6. ABE	7. CDE
8. ACD	9. ABCD	10. ABC	11. BC	12. ABD	13. ABC	14. ABC
15. ABC	16. ABCD	17. ABCDE	18. ABCD	19. ABDE	20. BDE	

（三）判断题

1.×	2.√	3.×	4.×	5.√	6.√	7.×	8.×	9.√	10.×
11.×	12.√	13.×	14.×	15.×	16.√	17.×	18.√	19.×	20.√

第三章　会计要素和会计等式

一、学习概要

本章主要介绍了会计要素的含义、内容、会计等式及会计计量属性。通过本章学习，明确会计所要反映和监督的基本内容，熟知经济业务事项类型及其对会计等式的影响，理解会计等式是设置账户、复式记账以及设立和编制会计报表的理论依据，为深入学习会计的基本方法奠定理论基础。

（一）基础知识

1. 会计要素的确认

将交易或事项作为一项会计要素加以记录的过程——初始确认；

将交易或事项作为一项会计要素列入财务报告的过程——最终确认。

会计要素确认的流程如图 3.1 所示。

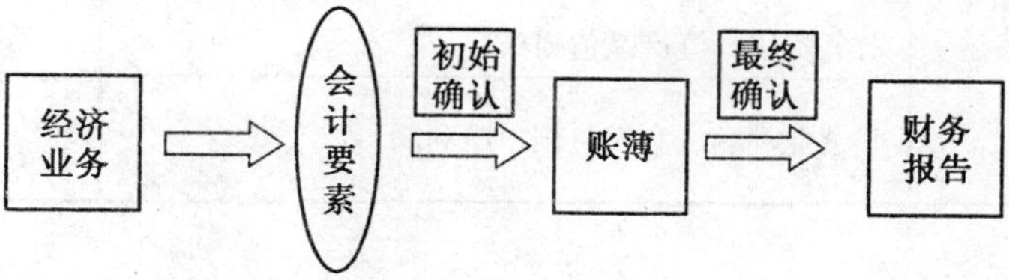

图 3.1　会计要素确认的流程

2. 会计要素相关知识

会计要素相关知识详见表 3.1、表 3.2、表 3.3、表 3.4。

表 3.1　会计要素知识汇总表

序号	定义	分类	含义	内容
1	对经济活动的基本分类	资产	未来可创造经济效益的资源	流动资产和非流动资产
2		负债	未来应偿还的债务责任	流动负债和非流动负债
3		所有者权益	投资人对净资产的所有权	投入资本、留存收益
4		收入	经营或投资取得的资产价值	经营收入及投资收益
5		费用	经营或投资耗费的资产价值	经营成本等各项耗费
6		利润	收入高于费用的差额	营业利润、利润总额、净利润

表 3.2 会计等式知识汇总表

会计等式定义		会计等式是会计要素之间的内在联系和数量关系，也叫会计方程式		
序号	等式名称	等式形式	等式含义	等式作用
1	基本等式	资产=负债+所有者权益	资产=权益	编制资产负债表
2	动态等式	收入-费用=利润	资产收回大于耗费为利润	编制利润表
3	综合等式	资产=负债+所有者权益+利润	变动后资产含新增利润	日常核算

表 3.3 会计要素的基本内容及其相互关系表

<table>
<tr><td rowspan="7">企业经济活动（资金运动）</td><td>会计要素</td><td>会计要素的基本内容</td><td colspan="2">会计要素关系</td></tr>
<tr><td>资产</td><td>库存现金、银行存款、交易性金融资产、应收账款、其他应收款、坏账准备、原材料、库存商品、长期股权投资、固定资产、无形资产、累计折旧</td><td rowspan="3">资产
‖
负债
+
所有者权益</td><td rowspan="6">资产
+
费用
‖
负债
+
所有者权益
+
收入</td></tr>
<tr><td>负债</td><td>短期借款、应付账款、应付职工薪酬、应交税费、应付股利、其他应付款、长期借款、应付债券、长期应付款</td></tr>
<tr><td>所有者权益</td><td>实收资本、资本公积、盈余公积、未分配利润</td></tr>
<tr><td>收入</td><td>主营业务收入、其他业务收入、投资收益</td><td rowspan="3">收入
−
费用
‖
利润</td></tr>
<tr><td>费用</td><td>营业成本、营业税金、销售费用、管理费用、财务费用、资产减值损失</td></tr>
<tr><td>利润</td><td>营业利润、利润总额、净利润</td></tr>
</table>

表 3.4 经济业务及分类表

含义	从现金流转角度的分类		从对会计等式总额影响角度分类	
	种类	内容	种类	内容
经济业务是以货币计量并影响到会计要素发生变动的经济活动	收款交易或事项	取得借款、发行股票、收回货款、销货	等式两边等额增加	筹资业务、赊购业务
	付款交易或事项	还借款、购货、付税费、对外投资	等式两边等额减少	减资业务、发工资、纳税
	转账交易或事项	赊购、赊销、租赁、内部耗用材料、计提税费、转损益	等式两边总额不变	提现、付款购物、收发存货、结转入库存货成本

3. 会计要素及会计等式有关重要概念

会计要素及会计等式有关重要概念见表 3.5。

表 3.5　基本概念表

序号	重要概念	含义及内容
1	会计要素	会计要素是对会计对象的基本分类，是会计对象的具体化，是反映会计主体的财务状况和经营成果的基本单位
2	资产	资产是企业过去的交易或者事项形成的、由企业拥有或者控制的、预期会给企业带来经济利益的资源
3	负债	负债是企业过去的交易或者事项形成的、预期会导致经济利益流出企业的现时义务
4	所有者权益	所有者权益是指企业资产扣除负债后由所有者享有的剩余权益。公司的所有者权益又称股东权益
5	收入	收入是指企业在日常活动中所形成的、会导致所有者权益增加的、与所有者投入资本无关的经济利益的总流入
6	费用	费用是企业在日常活动中发生的、会导致所有者权益减少的、与向所有者分配利润无关的经济利益的总流出
7	利润	利润是企业在一定会计期间的经营成果。利润包括收入减去费用后的净额、直接计入当期利润的利得和损失等
8	会计等式	会计等式又称会计平衡公式、会计恒等式，是表明各会计要素之间基本关系的恒等式

4. 会计计量属性的种类

会计计量属性的种类见表 3.6。

表 3.6　会计计量属性的种类

计量属性	对资产的计量	对负债的计量	具体应用
历史成本	按购置时的金额	按承担现实义务时的金额	一般会计要素的计量
重置成本	按现时购买的金额	按现在偿还的金额	盘盈资产计量
可变现净值	按现时销售的金额		存货计量
现值	按预计使用和处置产生的未来现金流入量折现金额	按预计期限内需要偿还的净现金流出量折现的金额	长期资产或权益的计量
公允价值	按交易双方自愿进行交易的金额	按交易双方自愿进行债务清偿的金额	对外投资非货币资产交换等计量

5. 会计计量属性的选择

企业在对会计要素进行计量时，一般应采用历史成本。采用其他成本计量属性时，应保证所确定的会计要素金额能够取得并可靠计量。

（二）相关知识

1. 股票、债券与基金

股票、债券与基金是三种不同性质的投资形式。股票投资是通过购买被投资企业的股票或股权证进行的权益性投资，投资企业是以投资者即股东身份出现的，对被投资企业的净资产具有所有权；债券投资是通过购买举债企业的债券凭证进行的债权性投资，投资企业是以债权人身份出现的，有要求举债企业到期还本付息的权利，对该企业的全部资产有要求权。基金投资是企业将资金委托给投资专家（如基金管理人），由投资专家汇集众多分散投资者的资金，按其投资策略，统一进行投资管理的投资。基金又可分为：股票型基金、债券型基金、货币市场基金、混合型基金等。由于股票、债券和基金三种投资的性质和策略不同，风险也会有所区别。其中股票投资的风险最高，债券投资的风险最小，基金投资的风险居中。当然，风险度越大，收益率相应也会越高；风险度越小，收益率也相应要低一些。

2. 利得和损失

关于利得和损失的含义及分类见表 3.7。

表 3.7　利得、损失的含义及分类举例

概念	释　义	分　类	业务举例
利得	利得指由企业非日常活动所形成的、会导致所有者权益增加的、与所有者投入资本无关的经济利益的流入	①直接计入所有者权益的利得（资本公积） ②直接计入当期利润的利得（营业外收入）	①可供出售金融资产公允价值变动形成的利得 ②自用房地产或存货转换为采用公允价值模式计量的投资性房地产，在转换当日的公允价值大于原账面价值的差额 ③固定资产、无形资产处置的净收益等
损失	损失是指由企业非日常活动所发生的、会导致所有者权益减少的、与向所有者分配利润无关的经济利益的流出	①直接计入所有者权益的损失（资本公积） ②直接计入当期利润的损失（营业外支出）	①可供出售金融资产公允价值变动形成的损失（除减值损失和外币货币性金融资产形成的汇兑差额） ②固定资产、无形资产处置的净损失 ③非常损失等

二、小知识

虚开发票行为

任何单位和个人不得有下列虚开发票行为：

（1）为他人、为自己开具与实际经营业务情况不符的发票。

（2）让他人、为自己开具与实际经营业务情况不符的发票。

（3）介绍他人开具与实际经营业务情况不符的发票。

安装税控装置的单位和个人，应当按照规定使用税控装置开具发票，并按期向主管税务机关报送开具发票的数据。

使用非税控电子器具开具发票的，应当将非税控电子器具使用的软件程序说明资料报主管税务机关备案，并按照规定保存、报送开具发票的数据。

三、练习题

（一）单项选择题

1. 收回应收账款 80 000 元，存入银行。这一业务引起的会计要素的变动是（　）

A. 资产一项增加、一项减少　　B. 资产增加，负债增加

C. 资产增加，负债减少　　D. 资产减少，负债增加

2. 某汽车制造厂生产的准备对外出售的汽车对该企业来讲属于（　）

A. 流动资产　　B.固定资产　　C. 其他资产　　D.长期投资

3. 下列各项中，不属于反映企业财务状况的会计要素是（　）

A. 资产　　B. 负债　　C. 所有者权益　　D. 利润

4. 下列说法不正确的是（　）

A. 所有者权益是指企业所有者在企业资产中享有的经济利益

B. 所有者权益的金额等于资产减去负债后的余额

C. 所有者权益也称为净资产

D. 所有者权益包括实收资本（或股本）、资本公积、盈余公积和留存收益等

5. 投资人投入的资金和从债权人借入的资金，筹集到位的资金形成企业的（　）

A. 成本　　B. 费用　　C. 资产　　D. 负债

6. 下列各项中，符合收入会计要素定义的是（　）

A. 出售材料收入　　B. 出售无形资产净收益

C. 出售固定资产净收益　　D. 向购货方收取的增值税销项税额

7. 经济业务发生仅涉及负债这一会计要素时，只引起该要素中某些项目发生变动的是（　）

A. 同增　　B. 同减　　C. 有增有减　　D. 不增不减

8. 既反映会计对象要素间基本数量关系，也是复式记账法的理论依据的是（　）

A. 会计科目　　B. 会计恒等式　　C. 记账符号　　D. 账户

9. 企业生产经营过程中的在产品属于（　）

A. 存货　　B. 固定资产

C. 无形资产　　D. 实收资本

10. 影响会计等式总额发生变化的经济业务是（　）

A. 以银行存款 60 000 元购买材料

B. 结转完工产品成本 50 000 元

C. 购买机器设备 30 000 元，货款未付

D. 收回客户所欠的货款 40 000 元

11. 某企业所有者权益总额为 700 万元，负债总额为 200 万元。该企业的资产总额为 （　　）

A. 900 万元　　B. 700 万元　　C. 500 万元　　D. 200 万元

12. 下列等式正确的是 （　　）

A. 资产=负债+所有者权益　　B. 资产-负债=权益

C. 资产+负债=所有者权益　　D. 资产-所有者权益=负债

13. 企业会计要素包括 （　　）

A. 资产、负债、所有者权益

B. 资产、权益

C. 收入、费用、利润

D. 资产、负债、所有者权益、收入、费用、利润

14. 下列属于负债项目的是 （　　）

A. 现金　　B. 实收资本　　C. 资本公积　　D. 预收账款

15. 某企业刚刚建立时，权益总额为 80 万元，现发生两笔业务，一是以银行存款 10 万元偿还银行借款，二是收回某单位前欠货款 10 万元，此时该企业的资产总额为 （　　）

A. 80 万元　　B. 70 万元　　C. 100 万元　　D. 90 万元

16. 根据资产的定义，下列各项中不属于资产特征的是 （　　）

A. 资产是企业拥有或控制的

B. 资产能够直接或者间接地为企业带来经济利益的流入

C. 资产可能为企业带来经济利益

D. 资产是由过去的交易或者事项形成的

17. 长期股权投资属于资产要素中的 （　　）

A. 资产　　B. 负债　　C. 费用　　D. 所有者权益

18. 下列不属于资金运动静止状态的会计要素是 （　　）

A. 所有者权益　　B. 资产　　C. 负债　　D. 费用

19. 从 A 企业赊购原材料，属于哪一种类型变化业务 （　　）

A. 资产项目之间此增彼减　　B. 权益项目之间此增彼减

C. 资产项目和权益项目同增　　D. 资产项目和权益项目同减

20. 在一个经济事项中，如果发生两项资产增加，一项负债增加，会使资产与权益原来的总额 （　　）

A. 发生同减的变动　　B. 发生同增的变动

C. 不会变动　　D. 发生不等额的变动

21. 企业的资产总额与权益总额 （　　）

A. 有时相等　　B. 必然相等

C. 不会相等　　D. 只有在期末时相等

22. 下列项目中属于所有者权益类的有　（　）

A. 预付账款　　B. 长期股权投资

C. 长期借款　　D. 股本

23. 下列项目中，引起负债有增有减的经济业务是　（　）

A. 以银行存款偿还银行借款　　B. 开出应付票据抵付应付账款

C. 以银行存款上交税金　　D. 收到外商捐赠的设备

24. 以银行存款交纳税金，所引起的变动为　（　）

A. 一项资产减少，一项所有者权益减少

B. 一项资产减少，一项负债减少

C. 一项所有者权益增加，一项负债减少

D. 一项资产增加，另一项资产减少

25. 资产和负债按照在公平交易中，熟悉状况的交易双方自愿进行资产交换或债务清偿的金额计量。所采用的会计计量属性是　（　）

A. 公允价值　　B. 重置成本　　C. 可变现净值　　D. 现值

26. 利润是指企业在一定会计期间内的　（　）

A. 经营收入　　B. 经营毛利　　C. 经营成果　　D. 经济效益

27. 对会计对象进行基本分类的是　（　）

A. 会计要素　　B. 会计科目　　C. 会计账户　　D. 会计对象

28. 下列交易中不会引起资产账户金额一增一减的是　（　）

A. 用银行存款购买原材料，价款 20 000 元

B. 用银行存款偿还前欠货款 50 000 元

C. 用银行存款 60 000 元购买新设备一台

D. 用银行存款购买国债 3 000 元

29. 某企业资产总额 600 万元，发生以下经济业务：①收到外单位投资 40 万元存入银行；②以银行存款支付购入材料款 12 万元；③以银行存款偿还银行借款 10 万元，企业资产总额为　（　）

A. 636 万元　　B. 628 万元　　C. 648 万元　　D. 630 万元

30. 某日，甲公司的资产总额为 400 万元，流动负债总额为 50 万元，所有者权益总额为 250 万元，则当日该公司的非流动负债总额为　（　）

A. 100 万元　　B. 150 万元　　C. 300 万元　　D. 350 万元

（二）多项选择题

1. 下列等式中正确的会计等式有（　）

A. 资产=权益

B. 资产=负债+所有者权益

C. 利润=收入-费用

D. 资产=负债+所有者权益+（收入-费用）

2. 下列各项收到的款项中，属于准则中狭义收入的有（　）

A. 出租固定资产收到的租金

B. 销售商品收取的增值税

C. 出售原材料收到的价款

D. 出售无形资产收到的价款

3. 下列各项中，影响利润金额计量的有（　）

A. 资产　　B. 收入

C. 费用　　D. 直接计入所有者权益的利得与损失

4. 下列各项中，属于负债要素特点的有（　）

A. 负债是由现在的交易或事项引起的偿债义务

B. 负债是由过去的交易或事项形成的现时义务

C. 负债是由将来的交易或事项引起的偿债义务

D. 负债将会导致经济利益流出企业

5. 下列各项中，属于所有者权益直接来源的有（　）

A. 所有者投入的资本　　B. 不应计入当期损益的利得或者损失

C. 留存收益　　D. 收入

6. 以“资产 = 负债 + 所有者权益”为理论基础或理论依据，编制（　）

A. 利润表　　B. 资产负债表

C. 现金流量表　　D. 复式记账法

7. 企业的所有者权益包括（　）

A. 实收资本　　B. 资本公积

C. 盈余公积　　D. 未分配利润

8. 收入按企业所从事日常活动的性质分为（　）

A. 销售商品收入　　B. 出售固定资产损益

C. 计提固定资产折旧　　D. 提供劳务收入

E. 让渡资产使用权收入

9. 属于企业流动资产的有 ( )

A. 库存现金和银行存款　B. 预收账款

C. 应收账款　D. 存货

10. 属于资产的有 ( )

A. 管理部门使用的汽车一部　B. 职工食堂

C. 仓库里储存的圆钢　D. 向银行借入 3 个月到期的借款

11. 会计计量属性包括 ( )

A. 历史成本　B. 重置成本

C. 可变现净值　D. 现值

E. 公允价值

12. 资产按其流动性可分为 ( )

A. 流动资产　B. 非流动资产

C. 无形资产　D. 固定资产

E. 递延资产

13. 下列项目中，属于所有者权益的有 ( )

A. 预提费用　B. 未分配利润

C. 递延资产　D. 盈余公积

E. 资本公积

14. 无形资产包括 ( )

A. 专利权　B. 资产使用权

C. 非专利技术　D. 商标权

E. 著作权

15. 以下属于静态会计要素的有 ( )

A. 资产　B. 负债

C. 收入　D. 利润

16. 资产按有无实物形态分为 ( )

A. 有形资产　B. 流动资产

C. 非流动资产　D. 无形资产

E. 固定资产

17. 下列账户属于收入类的是 ( )

A. 主营业务收入　B. 应付账款

C. 本年利润　　　　D. 其他业务收入

E. 应收账款

18. 经济业务的发生，会引起资产、负债与所有者权益发生增减变动的情况有 ( )

A. 资产和负债同时增加　　　　B. 资产和所有者权益同时减少

C. 资产增加和负债减少　　　　D. 资产增加和所有者权益增加

E. 资产增加（减少）和负债、所有者权益同时增加（减少）

19. 下列经济业务，不会只引起资产要素内部项目转化的业务有 ( )

A. 将库存现金存入银行　　　　B. 出售汽车收取的价款存入银行

C. 收回购货方欠款存入银行　　　　D. 厂长出差预借差旅费

E. 出售产品收取的货款存入银行

20. 下列属于期间费用的有 ( )

A. 管理费用　　　　B. 制造费用

C. 销售费用　　　　D. 财务费用

E. 生产成本

21. 一项经济业务发生后，引起银行存款减少 5 000 元，则相应地有可能引起 ( )

A. 固定资产增加 5 000 元　　　　B. 短期借款增加 5 000 元

C. 应付股利减少 5 000 元　　　　D. 应付账款减少 5 000 元

E. 股本增加 5 000 元

22. 下列账户属于负债类要素的有 ( )

A. 管理费用　　　　B. 应交税费

C. 预收账款　　　　D. 应收账款

E. 应付职工薪酬

23. 下列经济业务，引起资产和所有者权益同时增加的业务有 ( )

A. 国家以厂房对企业投资　　　　B. 外商以货币资金对企业投资

C. 购买材料未付款　　　　D. 企业接受捐赠汽车一辆

E. 销售产品未收到货款

24. 下列经济业务，引起资产和负债同时减少的业务有 ( )

A. 用银行存款支付广告费　　　　B. 用银行存款偿还应付账款

C. 以库存现金发放职工工资　　　　D. 用银行存款归还银行借款

E. 用银行存款交纳税金

25. 下列账户属于费用类要素的有 (　　)

A. 销售费用　　B. 财务费用

C. 管理费用　　D. 应交税费

E. 长期待摊费用

（三）判断题

1. 某企业某工序上有甲、乙两台机床，其中甲机床型号较老，自乙机床投入使用后，一直未再使用且已不具备转让价值。乙机床是甲机床的替代产品，目前承担该工序的全部生产任务。那么甲机床不应确认为企业的固定资产。 (　　)

2. 收入是指企业在销售商品、提供劳务及让渡资产使用权等日常活动中所形成的经济利益的总流入。 (　　)

3. 企业接受外商投入和捐赠的实物和货币，均属于企业的实收资本（或股本）。 (　　)

4. 费用可表现为资产的减少或负债的增加。 (　　)

5. 会计核算的方法是一个完整的体系，不能打乱顺序、相互配合地使用。 (　　)

6. 若某项资产不能为企业带来经济利益，即使是由企业拥有或控制的，也不能作为企业的资产在资产负债表中列示。 (　　)

7. 资产包括固定资产和流动资产两部分。 (　　)

8. 凡是长期收不回来的资产都属于长期投资。 (　　)

9. 所有经济业务的发生，都会引起会计恒等式两边同时发生变化。 (　　)

10. 用银行存款购置固定资产，属于所有者权益转化。 (　　)

11. 无形资产是指没有实物形态的，并能给企业带来经济利益流入的资产。 (　　)

12. 利润=收入-费用，则表示收入一定大于费用。 (　　)

13. 收入是指企业在业务活动中形成的货币流入。 (　　)

14. 会计要素中既有反映财务状况的会计要素，也有反映经营成果的会计要素。 (　　)

15. 费用中能予以对象化的部分被称作制造成本，不能予以对象化的部分被称作期间费用。 (　　)

16. 利润要素与收入要素和费用要素没有直接的联系。 (　　)

17. 某一财物要成为企业的资产，其所有权必须属于企业。 (　　)

18. 企业接受捐赠物资一批，计价 10 万元，该项经济业务会引起资产增加，权益增加。 (　　)

19. 企业收到某单位偿还前欠货款 5 万元，该项经济业务会引起会计等式左右两方会计要素发生同时增加的变化。 (　　)

20. 所有者投入资本的增加不应当确认为收入，而应直接确认为所有者权益。( )

21. 主营业务收入和其他业务收入均属于收入。( )

22. 收入、费用和利润三项会计要素表现相对静止状态的资金运动，即反映企业的财务状况。( )

23. 负债是即将发生的交易或事项所引起的现有义务。( )

24. 所有者权益是指企业投资人对企业资产的所有权。( )

25. 一项资产的增加必然会引起另一项权益的增加。( )

（四）案例分析

【案例简介】

远大股份有限公司2010年4月1日资产和权益的资料见表3.8。

表3.8　资产和权益相关资料

单位：元

资产项目	金额	负债和所有者权益项目	金额
现金	500	短期借款	6 000
银行存款	60 000	应付账款	4 000
应收账款	20 000	其他应付款	2 000
短期投资	3 000	应交税费	8 000
其他应收款	1 500	应付股利	3 000
原材料	80 000	长期借款	150 000
库存商品	85 000	实收资本	300 000
长期投资	50 000	资本公积	20 000
固定资产	190 000	盈余公积	5 000
无形资产	10 000	未分配利润（利润分配）	2 000
资产合计	500 000	权益合计	500 000

远大股份有限公司4月份发生如下经济业务：

①收到甲公司投入设备一台，价值80 000元。

②企业以银行存款2 000元偿还应付购货款。

③企业以银行存款6 000元购入设备一台。

④企业将资本公积金1 000元转增实收资本。

要求：确定由于以上经济业务所引起的资产和权益的增减变化（见表3.9），并进行理论分析。

表 3.9 资产和权益平衡表

单位：元

资产					权益（负债+所有者权益）				
项目	月初余额	增加数	减少数	月末余额	项目	月初余额	增加数	减少数	月末余额
库存现金	500			500	短期借款	6 000			6 000
银行存款	60 000		②2 000 ③6 000	52 000	应付账款	4 000		②2 000	2 000
短期投资	20 000			20 000	其他应付款	2 000			2 000
应收账款	3 000			3 000	应交税费	8 000			8 000
其他应收款	1 500			1 500	应付股利	3 000			3 000
原材料	80 000			80 000	长期借款	150 000			150 000
库存商品	85 000			85 000	实收资本	300 000	①80 000 ④1 000		381 000
长期投资	50 000			50 000	资本公积	20 000		④1 000	19 000
固定资产	190 000	①80 000 ③6 000		276 000	盈余公积	5 000			5 000
无形资产	10 000			10 000	未分利润（利润分配）	2 000			2 000
资产合计	500 000	86 000	8 000	578 000	权益合计	500 000	81 000	3 000	578 000

思考：结合以上案例，讨论企业的资产总额与权益总额必然相等；两者在任何一个时点发生任何一种经济业务，都不会破坏资产和权益的平衡关系。

【案例提示】

1. 知识点

（1）静态会计等式。静态会计等式是反映企业在某一特定日期财务状况的会计等式，是由静态会计要素（资产、负债和所有者权益）组合而成。其公式为“资产=负债+所有者权益”。

会计等式的静态平衡关系是指企业在生产经营过程中，其资金运动停留在某一时点时，如一定会计期间的期末或期初，资产总额与权益总额的平衡关系。

（2）动态会计等式。动态会计等式是反映企业在一定会计期间经营成果的会计等式，是由动态会计要素（收入、费用和利润）组合而成。其公式为“收入−费用=利润”。

会计等式的动态平衡关系是指随着企业生产经营活动的进行，在资金运动过程中，资产总额和权益总额的平衡关系。

（3）资产和权益的关系。资产和权益是同一事物从两个不同侧面进行观察和分析的结果：资产表明企业拥有什么资源；权益则表明是谁提供了这些资源，谁对这些资源拥有要求权。资产和权益互相依存，同时并存，对立统一。没有资产，就没有有效的权益，同样，资产也不能脱离权益而存在。总之，一个企业的资产总额与权益总额必定相等，从任何一个时点来看，两者之间必然保持数量上的平衡关系。

2. 案例启示

从表3.8可以看出，该公司4月1日拥有资产总额500 000元。其中债权人权益173 000元，所有者权益327 000元。截至4月1日这个时点，远大股份有限公司资产和权益总额相等，保持了平衡关系。

从表3.9可以得出以下结论：

（1）经济业务的发生，凡是同时涉及资产和权益双方项目变动的，如业务①、②，都会使双方原来的总额发生同增或同减的变化，变动后的结果是双方总额仍然相等。

（2）经济业务的发生，凡是只涉及资产或权益一方内部项目之间变动的，如业务③、④，不但不会影响双方总额的平衡，而且双方资产和权益的总额依然相等。

（3）任何一项经济业务的发生，必然会引起资产和权益，或者资产和权益各自内部至少两个项目的变化，但不论怎样变化，其结果都不会破坏资产和权益总额的平衡关系。

四、参考答案

【练习题】

（一）单项选择题

1. A　2. A　3. D　4. C　5. C　6. A　7. C　8. B　9. A　10. C
11. A　12. A　13. D　14. D　15. B　16. C　17. A　18. D　19. C　20. B
21. B　22. D　23. B　24. B　25. A　26. C　27. A　28. B　29. D　30. A

（二）多项选择题

1.ABCD　2.AC　3.BC　4.BD　5.ABC　6.BC　7.ABCD　8.ADE　9.ACD　10.ABC
11.ABCDE　12.AB　13.BDE　14.ACDE　15.AB　16.AD　17.AD　18.ABE　19.BE
20.ACD　21.ACD　22.BCE　23.ABD　24.BCDE　25.ABC

（三）判断题

1.√　2.√　3.×　4.√　5.×　6.√　7.×　8.×　9.×　10.×
11.√　12.×　13.×　14.√　15.×　16.×　17.×　18.×　19.×　20.√
21.√　22.×　23.×　24.×　25.×

第四章　账户与复式记账

一、学习概要

通过本章学习，要求掌握会计账户的内容和结构、复式记账法的概念及原理、借贷记账法的记账规则、总分类账和明细分类账的平行登记；熟悉会计科目与会计账户的概念、会计科目与会计账户的区别和联系；了解设置会计科目的原则、复式记账法的种类。

（一）会计科目基本知识

会计科目基本知识详见表4.1。

表4.1　会计科目基本知识汇总表

定义	原则	意义	分　类	
会计科目是对会计要素的具体内容进行分类核算的项目	合法性	合法性是对会计要素的具体内容进行科学分类	会计科目按经济内容分类	制造业企业的会计科目按经济内容可分为资产类、负债类、共同类、所有者权益类、成本类和损益类六大类
	相关性	相关性是会计核算的基本条件	会计科目按其所提供信息的详细程度分类	会计科目按其所提供信息的详细程度及其统驭关系不同，可分为总分类科目和明细分类科目
	实用性	实用性是会计控制的基本依据		

（二）会计账户的内容和结构

会计账户的内容和结构详见表4.2。

表 4.2　会计账户的内容和结构汇总表

账户的概念	账户的内容项目	账户的金额结构
账户是根据会计科目设置的，具有一定的格式和结构，用于分类反映会计要素增减变动情况及其结果的载体	（1）账户名称，即会计科目名称	（1）账户的金额栏分成左方和右方两栏。一方登记增加，另一方登记减少
	（2）日期栏，用以填写记账的具体时期	（2）登记本期增加的金额称为本期增加发生额；登记本期减少的金额称为本期减少发生额；增减相抵后的差额，称为余额
	（3）凭证号数，用以说明账户记录的资料来源	（3）余额数所在的方向一般跟增加数所记的方向一致，即增加数大于减少数；反之方向相反
	（4）摘要栏，简明扼要地说明经济业务的内容	（4）余额按照表示的时间不同，分为期初余额和期末余额
	（5）金额栏，包括本期发生额的增加、减少以及余额	（5）金额要素的基本关系如下： 期末余额=期初余额+本期增加额-本期减少额 期初余额=上期期末余额

（三）复式记账法基本知识

复式记账法是单式记账法的对称，是指对所发生的每一项经济业务，都要以相等的金额，在相互联系的两个或两个以上账户中进行登记的方法。借贷记账法就是其中的一种。其基本知识内容详见表 4.3。

表 4.3　借贷记账法基本知识汇总表

符号及规则	账户结构	会计分录	试算平衡	平行登记
（1）借贷记账法是以借和贷为记账符号的复式记账法	（1）资产、成本和费用类账户借方记增加，贷方记减少，余额在借方；费用类账户期末一般无余额	（1）定义：标明每笔经济业务应记的账户名称记账方向和金额的记录	（1）定义：在一定时期内对所有账户的记录进行集中检查和验证的方法，就是试算平衡	（1）定义：对于每笔经济业务既在有关总账上登记，又在所属明细账上登记
		（2）载体：记账凭证	（2）共有两种方法： ①发生额试算平衡法 全部账户本期借方发生额合计=全部账户本期贷方发生额合计 ②余额试算平衡 全部账户的借方期初余额合计=全部账户的贷方期初余额合计 全部账户的借方期末余额合计=全部账户的贷方期末余额合计	（2）要点： ①同期：在同一会计期登记 ②同向：在相同方向登记 ③同据：依据同一记账凭证登记 ④等额：登记总账的金额与登记所属明细账的金额合计数相等
（2）借贷记账法的记账规则是：有借必有贷，借贷必相等	（2）负债、所有者权益、利润及收入账户贷方记增加，借方记减少，余额在贷方；收入类账户期末一般无余额	（3）种类：简单分录与复合分录		
		（4）用途：据以记账		
		（5）要素：账户名称、记账方向和金额		

二、小知识

发票的使用

任何单位和个人应当按照发票管理规定使用发票，不得有下列行为：

(1)转借、转让、介绍他人转让发票、发票监制章和发票防伪专用品。

(2)知道或者应当知道是私自印制、伪造、变造、非法取得或者废止的发票而受让、开具、存放、携带、邮寄、运输。

(3)拆本使用发票。

(4)扩大发票使用范围。

(5)以其他凭证代替发票使用。

税务机关应当提供查询发票真伪的便捷渠道。

三、练习题

（一）单项选择题

1. 会计科目是（　　）

A. 会计要素的名称　B. 报表的项目　C. 账簿的名称　D. 账户的名称

2. 账户结构一般分为（　　）

A. 左右两方　B. 上下两部分

C. 发生额、余额两部分　D. 前后两部分

3. 下列与账户的余额一般在同一方的是（　　）

A. 增加额　B. 金额　C. 减少额　D. 发生额

4. 会计科目是对下列哪个项目的具体内容分门别类进行核算所规定的项目（　　）

A. 会计报表　B. 会计对象　C. 会计主体　D. 会计账户

5. 会计账户开设的依据是（　　）

A. 会计对象　B. 会计要素　C. 会计科目　D. 会计方法

6. 开设明细分类账户的依据是（　　）

A. 总分类科目　B. 明细分类科目　C. 试算平衡表　D. 会计要素内容

7. 下列属于资产类的会计科目是（　　）

A. 预收账款　B. 利润分配　C. 预付账款　D. 其他业务成本

8. 下列属于负债类的会计科目是（　　）

A. 预收账款　B. 本年利润　C. 主营业务收入　D. 应收账款

9. 下列属于成本类的会计科目是（　　）

A. 生产成本　B. 销售费用　C. 管理费用　D. 财务费用

10. 在下列账户中与负债账户结构相同的是 ( )

A. 资产 B. 成本 C. 费用 D. 所有者权益

11. 会计科目和账户之间的联系是 ( )

A. 内容相同 B. 结构相同 C. 格式相同 D. 两者不相关

12. 账户按下列哪项不同，可以分为总分类账户和明细分类账户 ( )

A. 会计要素 B. 用途和结构

C. 核算的经济内容 D. 提供核算信息的详细程度

13. 下列属于总分类科目的是 ( )

A. 甲材料 B. 临时借款 C. 累计折旧 D. 股票投资

14. 下列属于明细分类科目的是 ( )

A. 销售费用 B. 其他应收款 C. 盈余公积 D. 差旅费

15. 账户的右边记录的发生额为 ( )

A. 增加发生额 B. 减少发生额

C. 增加或减少发生额 D. 以上都不对

16. 我国规定的记账方法是 ( )

A. 增减记账法 B. 收付记账法 C. 借贷记账法 D. 单式记账法

17. 所有者权益类账户借方记录 ( )

A. 增加发生额 B. 减少发生额

C. 增加或减少发生额 D. 以上都不对

18. 费用成本类账户借方登记 ( )

A. 增加发生额 B. 减少发生额

C. 增加或减少发生额 D. 以上都不对

19. 负债类账户的期末余额一般在 ( )

A. 借方 B. 贷方 C. 借方或贷方 D. 一般无期末余额

20. “应收账款”账户的期末余额等于 ( )

A. 期初余额+本期借方发生额-本期贷方发生额

B. 期初余额-本期借方发生额-本期贷方发生额

C. 期初余额+本期借方发生额+本期贷方发生额

D. 期初余额-本期借方发生额+本期贷方发生额

21. 发生额试算平衡公式是 ( )

A. 全部账户本期借方发生额合计=全部账户本期贷方发生额合计

B. 账户本期借方发生额合计=账户本期贷方发生额合计

C. 本期借方发生额合计=本期贷方发生额合计

D. 借方发生额合计=贷方发生额合计

22. 某企业月初有短期借款 40 万元，本月向银行借入短期借款 45 万元，以银行存款偿还短期借款 20 万元，则月末“短期借款”账户的余额为 （　）

A. 借方 65 万元　B. 贷方 65 万元　C. 借方 15 万元　D. 贷方 15 万元

23. 某企业资产总额为 100 万元，发生以下三笔经济业务，即向银行借款 20 万元存入银行，用银行存款偿还账款 5 万元，收回账款 4 万元存入银行，之后其资产总额为 （　）

A. 115 万元　B. 119 万元　C. 111 万元　D. 71 万元

24. 简单会计分录具有的对应关系是 （　）

A. 一借一贷　B. 一借多贷　C. 一贷多借　D. 多借多贷

25. 复式记账就是对每一项经济业务的发生，都要在相互联系的两个或两个以上的账户中 （　）

A. 连续登记　B. 补充登记

C. 平行登记　D. 以相等的金额进行登记

26. 借贷记账法账户的基本结构是左边为 （　）

A. 增加方　B. 减少方　C. 借方　D. 贷方

27. 同时引起资产、负债减少的业务可能是 （　）

A. 以现金购买固定资产　B. 存货被火灾焚毁

C. 归还银行借款　D. 收到客户所欠的货款

28. 把账户分为借贷两方，哪一方记增加，哪一方记减少，取决于 （　）

A. 记账方法　B. 记账规则

C. 会计核算的方法　D. 账户的性质

29. 在账户中相互联系地记录经济业务的专门方法是 （　）

A. 复式记账法　B. 登记账簿　C. 填制凭证　D. 成本计算

30. 某资产类账户期初余额为 2 000 元，借方本期发生额为 6 000 元，贷方本期发生额为 5 000 元，则该账户期末余额为 （　）

A. 1 000 元　B. 2 000 元　C. 3 000 元　D. 13 000 元

31. 某权益类账户期初余额为 4 000 元，借方本期发生额为 10 000 元，期末余额为 6 000 元，则该账户贷方本期发生额为 （　）

A. 8 000 元　B. 20 000 元　C. 0 元　D. 12 000 元

32. 账户的借方登记 （　）

A. 资产的增加　B. 费用的减少

C. 所有者权益的增加　D. 负债的增加

33. 下列各账户，在借贷记账法下，本期增加的金额记入借方的有 （　）

A. 银行存款　B. 实收资本　C. 主营业务收入　D. 长期借款

34. “固定资产”账户本期借方发生额为 6 000 元，贷方发生额为 5 000 元，期末余额为 9 000 元，则期初余额为 ( )

A. 10 000 元　B. 8 000 元　C. 2 000 元　D. 1 000 元

35. “应付账款”账户期初贷方余额为 85 000 元，本期借方发生额为 18 000 元，期末贷方余额为 99 000 元，则本期贷方发生额为 ( )

A. 18 000 元　B. 32 000 元　C. 117 000 元　D. 166 000 元

36. 账户的对应关系是指 ( )

A. 总分类账户与明细分类账户之间的关系

B. 有关账户之间的应借应贷关系

C. 资产类账户与负债类账户之间的关系

D. 成本类账户与损益类账户之间的关系

37. 采用复式记账的方法，主要是为了 ( )

A. 便于登记账簿

B. 如实地、完整地反映经济业务的来龙去脉

C. 提高会计工作的效率

D. 便于会计人员的分工协作

38. 采用复式记账法时，对任何一项经济业务登记的账户数量应是 ( )

A. 仅为一个　B. 仅为两个

C. 两个或两个以上　D. 均可

39. 借贷记账法的余额试算平衡的依据是 ( )

A. 资金运动变化规律　B. 会计等式平衡原理

C. 会计账户结构　D. 平行登记基本原理

40. “借”、“贷”记账符号表示 ( )

A. 债权债务关系的变化　B. 记账金额

C. 平衡关系　D. 记账方向

41. 借贷记账法的记账规则是 ( )

A. 以相等的金额在两个或两个以上的账户中同时进行登记

B. 有借必有贷，借贷必相等

C. 账户的借方登记减少数，贷方登记增加数

D. 账户的借方登记增加数，贷方登记减少数

42. 存在着对应关系的账户，称为 ( )

A. 联系账户　B. 平衡账户　C. 恒等账户　D. 对应账户

43. 账户发生额试算平衡法是根据 ( )

A. 借贷记账法的记账原则　B. 经济业务的内容

C. 会计等式　　　　D. 经济业务的类型

（二）多项选择题

1. 会计科目按其所属的会计要素不同，分为　　（　　）

A. 资产类　　　　B. 负债类

C. 所有者权益类　　　　D. 损益类

E. 成本类

2. 下列项目中，属于会计科目的有　　（　　）

A. 固定资产　　　　B. 机器工时

C. 原材料　　　　D. 未完工产品

E. 工资

3. 账户中各项金额的关系正确的有　　（　　）

A. 本期期末余额＝本期期初余额+本期增加发生额-本期减少发生额

B. 本期期末余额+本期减少发生额＝本期期初余额+本期增加发生额

C. 本期期末余额＝本期增加发生额+本期减少发生额

D. 本期期末余额＝本期期初余额

E. 本期借方发生额=本期贷方发生额

4. 账户中的各项金额包括　　（　　）

A. 期初余额　　　　B. 期末余额

C. 本期增加额　　　　D. 本期减少额

E. 前期发生额

5. 账户的特点可归纳为　　（　　）

A. 按相反方向记录增加额和减少额

B. 账户的余额一般与记录的增加额在同一方向

C. 期初余额与上期的期末余额在同一方向

D. 上期的期末余额等于本期的期初余额

E. 借方发生额=贷方发生额

6. 下列属于资产类科目的有　　（　　）

A. 库存现金　　　　B. 无形资产

C. 应收账款　　　　D. 固定资产

7. 下列属于负债类科目的有　　（　　）

A. 预付账款　　　　B. 短期借款

C. 应付票据　　　　D. 应付职工薪酬

E. 预收账款

8. 下列属于成本类会计科目的有 （ ）

A. 制造费用 B. 管理费用

C. 财务费用 D. 生产成本

E. 主营业务成本

9. 账户一般应包括的内容有 （ ）

A. 账户名称 B. 日期和凭证号数

C. 摘要 D. 增加方、减少方

E. 余额

10. 有关借贷记账法说法正确的是 （ ）

A. 采用“借”“贷”为记账符号

B. 以“资产=负债+所有者权益”这一会计等式作为理论依据

C. 记账规则是“有借必有贷，借贷必相等”

D. 是我国会计核算的法定记账方法

E. 借方记增加数，贷方记减少数，记入每个账户借贷方的金额总是相等的

11. 从银行借入长期借款 5 000 元，用于归还前欠货款，正确的说法有 （ ）

A. 借记“银行存款”5 000 元 B. 贷记“长期借款”5 000 元

C. 借记“应付账款”5 000 元 D. 贷记“应付账款”5 000 元

E. 借记“长期借款”5 000 元

12. 某项经济业务发生后，一个资产账户记借方，则可能在 （ ）

A. 另一个资产账户记贷方 B. 另一个负债账户记贷方

C. 另一个所有者权益账户记贷方 D. 另一个资产账户记借方

E. 另一个费用账户记借方

13. 总分类账户与明细分类账户的平等登记的要点是 （ ）

A. 所依据会计凭证相同

B. 借贷方向相同

C. 所属会计期间相同

D. 计入总分类账户的金额与计入其所属明细分类账户的会计金额相等

E. 登记的次数相同

14. 会计分录包括 （ ）

A. 简单会计分录 B. 复合会计分录

C. 单式分录 D. 混合分录

E. 综合分录

15. 试算平衡表无法发现的错误有 （ ）

A. 漏记某项经济业务　　B. 重记某项经济业务
C. 颠倒记账方向　　D. 漏记一个借方金额
E. 将两方金额登在一方

16. 有关总分类账户和明细分类账户的关系，以下说法正确的有　(　　)
A. 总分类账户对明细分类账户具有统驭控制作用
B. 明细分类账户对总分类账户具有补充说明作用
C. 总分类账户与其所属明细分类账户在总金额上应当相等，可以对账
D. 总分类账户与明细分类账户所起的作用不同
E. 总分类账户与明细分类账户所起的作用相同

17. 余额试算平衡法的公式是　(　　)
A. 全部账户的借方期初余额合计=全部账户的贷方期初余额合计
B. 全部账户的借方期末余额合计=全部账户的贷方期末余额合计
C. 全部账户本期借方发生额合计=全部账户本期贷方发生额合计
D. 全部账户的借方期初余额合计=全部账户的贷方期末余额合计
E. 账户的借方余额合计=账户的贷方余额合计

18. 借贷记账法的试算平衡方法有　(　　)
A. 发生额试算平衡法　　B. 余额试算平衡法
C. 增加额试算平衡法　　D. 减少额试算平衡法
E. 差额平衡法

19. “借”方表示　(　　)
A. 资产的增加　　B. 负债的减少
C. 收入的结转　　D. 费用成本的增加
E. 所有者权益的增加

20. “贷”方表示　(　　)
A. 资产的增加　　B. 负债的增加
C. 所有者权益的增加　　D. 收益的增加
E. 费用成本的增加

21. 借贷记账法下的试算平衡公式有　(　　)
A. 借方科目金额=贷方科目金额
B. 全部账户借方发生额合计=全部账户贷方发生额合计
C. 借方期末余额=借方期初余额＋本期借方发生额-本期贷方发生额
D. 全部账户期初借方余额合计=全部账户期初贷方余额合计
E. 全部账户期末借方余额合计=全部账户期末贷方余额合计

22. 通过账户对应关系可以　(　　)

A. 检查经济业务的处理是否合理合法　B. 了解经济业务的内容
C. 进行试算平衡　D. 登记账簿
E. 了解经济业务发生时间

23. 每一笔分录都包括　(　)
A. 会计科目　B. 记账方向
C. 金额　D. 时间
E. 摘要

24. 复合会计分录形式包括　(　)
A. 一借多贷　B. 一贷多借
C. 多借多贷　D. 一借一贷
E. 只要有两个科目以上

25. “借”、“贷”记账符号表示　(　)
A. “借”就是借入，“贷”就是借出　B. 记账金额
C. “借’就是借出，“贷”就是借入　D. 表示账户结构：左“借”右“贷”
E. 借表示资产类账户的增加，贷表示资产类账户的减少

（三）判断题

1. 会计科目就是账户。　(　)
2. 账户的余额一般与记录减少额在同一方向。　(　)
3. 所有的总分类科目下都必须开设明细分类科目。　(　)
4. 会计科目与账户反映的内容是一致的，因而两者之间并无区别。　(　)
5. 账户都是依据会计科目开设的。　(　)
6. 企业只能使用国家统一的会计制度规定的会计科目，不得自行增减或合并。(　)
7. 所有账户的左边都记录经济业务的增加数，右边都记录经济业务的减少数。　(　)
8. 账户的期末余额等于本期增减数额之差。　(　)
9. 为了满足管理的需要，企业会计账户的设置越细越好。　(　)
10. 会计账户开设的依据是会计对象。　(　)
11. 在每一会计科目下，都要有明确的含义、核算范围。　(　)
12. 经济业务价值量变动只有增加和减少两种情况。　(　)
13. 费用(成本)类账户一般无余额，如果有余额，则期末余额在贷方。　(　)
14. 对每一个账户来说，期初余额只可能在账户的一方，即借方或贷方。　(　)
15. 通过试算平衡表来检查账簿记录，如果试算平衡了，可以肯定账簿记录没有错误。
(　)
16. 一个复合分录可以分解为几个简单分录。　(　)

17. 在借贷记账法下，不可以设置和运用既可以是资产又可以是负债的双重性账户。（　）

18. 编制试算平衡表，如果试算不平衡，则账户记录或计算一定有错误，如果试算平衡，可大体推断账户记录正确，但不可能绝对肯定账户记录无误。（　）

19. 借贷记账法下，账户的借方表示增加，贷方表示减少。（　）

20. 单式记账的缺点是不能反映交易或事项的来龙去脉，不能进行试算平衡。（　）

21. 一个账户的借方如果用来记录增加额，其贷方一定用来记录减少额。（　）

22. 会计分录包括经济业务涉及的账户名称、记账方向和金额三方面内容。（　）

23. 凡是借方余额的账户均属于资产类账户。（　）

24. 借贷记账法的记账原则是：有借必有贷，借贷必相等。（　）

25. “借贷记账法”下丁字账的结构中，左边代表借方，右边代表贷方。（　）

（四）实务训练

【业务一】练习会计科目的分类

1. 资料

会计科目	科目性质
（1）短期借款	A. 资产
（2）盈余公积	
（3）应交税费	B. 负债
（4）预付账款	
（5）交易性金融资产	C. 所有者权益

2. 要求：将上述会计科目与应归属的会计要素用直线连接。

【业务二】练习确定借贷记账法账户结构

将文字或符号填入所给表 4.4 内，确定各类账户的结构及余额方向。

表 4.4　填写下列各账户结构

账户类别		借方	贷方	余额方向
资产及成本类账户				
负债及所有者权益类账户				
损益类账户	收入类账户			
	费用类账户			

【业务三】练习企业会计要素的确认和会计科目的使用

1. 资料：某工业企业部分经济内容见表 4.5。

表 4.5 经济内容与会计科目及科目性质对应表

序号	经济内容	应属科目性质	应属会计科目
1	厂部办公大楼		
2	库存各种原材料		
3	机器设备、汽车		
4	库存现金		
5	偿还期为半年的银行借款		
6	库存完工待售产品		
7	存入开户银行的款项		
8	车间厂房		
9	企业职工借支的款项		
10	应收购货单位货款		
11	应付供应单位货款		
12	向购货单位预收的销货款		
13	向供应单位预付的购料款		
14	收到的国家投入的资本金		
15	正在车间生产的产品发生的费用		
16	车间组织管理产品生产发生的费用		
17	企业行政管理部门发生的费用		
18	短期借款利息费用		
19	销售商品发生的广告等费用		
20	预收的包装物押金		
21	预付的包装物押金		
22	应收的保险赔款		
23	应付职工工资		
24	应交纳的各种税金		
25	销售商品实现的收入		
26	销售商品负担的税金		
27	已销售商品原来的生产成本		
28	本年已实现的净利润		
29	已分配利润		
30	应付给投资者的利润		
31	企业拥有的专利权、商标权		
32	从税后利润中提留的公积金		

2. 要求：根据所列经济内容，分别判定其应归属的会计科目及其性质，并填入表中。

【业务四】练习确定借贷记账法账户结构和登记的内容

资产及成本账户

负债及所有者权益账户

利润账户

费用支出账户

收入收益账户

要求：把各类账户的期初余额、本期增加发生额、本期减少发生额和期末余额用符号或文字填在所给 T 形账户的指定位置。

【业务五】练习借贷记账法各类账户结构及金额计算方法

写出借贷记账法各会计要素账户之间的等式关系计算公式见表 4.6。

表 4.6　完成各会计要素账户之间的等式关系

账户类别		余额计算公式及换算公式
资产及成本类账户	余额公式	期末借方余额=
	换算公式	期初借方余额=
		本期借方增加额=
		本期贷方减少额=
负债及所有者权益类账户	余额公式	期末贷方余额=
	换算公式	期初贷方余额=
		本期贷方增加额=
		本期借方减少额=

【业务六】练习借贷记账法下各类账户的结构及金额计算方法。

1. 资料：红光公司月末有关账户资料见表 4 .7。

表 4.7　部分账户金额变动表

单位：元

账户名称	期初余额		本期发生额		期末余额	
	借方	贷方	借方	贷方	借方	贷方
银行存款	4 000 000		300 000	2 000 000	?	
短期借款		200 000	?	500 000		400 000
固定资产	?		200 000	300 000	600 000	
管理费用			80 000	?		
盈余公积		800 000	400 000	6 000 000		
本年利润	30 000		100 000	?	40 000	
主营业务收入			?	15 000 000		
应交税费		80 000	40 000	80 000		?
生产成本	?		150 000	800 000	50 000	
预收账款		5 000	30 000	20 000	?	

2. 要求：在表格所空的加问号的金额栏中填入正确的数字。

【业务七】练习编制经济业务的会计分录及试算平衡

1. 资料：某企业 6 月末各资产、负债及所有者权益账户的余额见表 4.8。

表 4.8　某企业 6 月末各资产、负债及所有者权益账户的余额

单位：元

资产类账户	金　额	负债及所有者权益账户	金　额
库存现金	2 000	短期借款	200 000
银行存款	100 000	应付账款	50 000
应收账款	50 000	应交税费	2 000
生产成本	48 000	应付职工薪酬	28 000
原材料	110 000	实收资本	600 000
库存商品	70 000		
固定资产	500 000		
合　计	880 000	合　计	880 000

该企业 7 月份发生下列各项经济业务：

（1）购入原材料已验收入库，价款 40 000 元，增值税税率 17%，货款以银行存款支付。

（2）接受投资者投入资本 200 000 元，款项存入银行。

（3）从银行提取现金 1 000 元。

（4）生产车间从仓库领用材料 20 000 元，用于产品生产。

（5）以银行存款购入新汽车一辆，计价 150 000 元。

（6）用银行存款偿付应付供货单位材料款 20 000 元。

（7）收到购货单位前欠货款 30 000 元，存入银行。

（8）以银行存款 80 000 元归还短期借款 50 000 元和应付供货单位货款 30 000 元。

（9）收到购货单位前欠货款 20 000 元，其中现金 4 000 元装入单位金库，支票 16 000 元当即存入银行。

2. 要求：

（1）根据资料开设 T 型账户，登记账户名称和期初余额。

（2）根据资料所列各项经济业务，采用借贷记账法编制会计分录。

（3）根据所编会计分录登记 T 型账户，画线结账并结算出本期发生额合计及期末余额。

（4）根据账户记录编制总分类账试算平衡表进行试算平衡。

【业务八】练习通过账户对应关系了解经济业务的内容及会计分录

1. 资料：某企业 2009 年部分账户登记如下。

库存现金

期初余额 2 000	
（1） 5 000	（5）1 000

固定资产

期初余额 30 000	
（3） 10 000	

银行存款

期初余额 50 000	
（6） 8 000	（1） 5 000
	（3）10 000
	（4） 1 000
	（7） 1 000
	（8）20 000

应收账款

期初余额 8 000	（6） 8 000

短期借款

（8） 20 000	期初余额 40 000

应付账款

（4） 1 000	期初余额 5 000
	（2） 8 000

原材料

期初余额 10 000	
（2） 8 000	
（7） 1 000	

其他应收款

期初余额 1 000	
（5） 1 000	

2. 要求：根据账户的对应关系，用文字叙述以上账户中登记的（1）~（8）项经济业务的内容，并写出会计分录。

【业务九】练习编制试算平衡表

1. 资料：某企业账户登记结果见下列 T 形账户。

库存现金

期初余额	760		
（6）	1 000		
本期发生额			
期末余额			

银行存款

期初余额	125 500		
（9）	30 000	（2）	28 000
（11）	9 100	（6）	1 000
		（7）	39 960
		（8）	25 000
		(10)	7 650
本期发生额		本期发生额	
期末余额			

应收账款

期初余额	55 400		
		（11）	9 100
本期发生额		本期发生额	
期末余额			

原材料

期初余额	96 700		
（1）	22 800		
（5）	30 120		
本期发生额			
期末余额			

固定资产

期初余额	159 500		
（3）	25 000		
（4）	30 000		
本期发生额			
期末余额			

短期借款

		期初余额	86 000
（8）	25 000	（9）	30 000
本期发生额		本期发生额	
		期末余额	

应付账款

		期初余额	88 750
（2）	28 000	（1）	22 800
（7）	39 960	（5）	30 120
本期发生额		本期发生额	
		期末余额	

应交税费

		期初余额	13 110
（10）	7 650		
本期发生额		本期发生额	
		期末余额	

长期借款

		（4）	30 000
		本期发生额	
		期末余额	

实收资本

		期初余额	250 000
		（3）	25 000
		本期发生额	
		期末余额	

2. 要求：计算填列各账户本期发生额及期末余额，填写 T 型账户并编制试算平衡表。空表见表 4.9。

表 4.9　试算平衡表

会计科目	期初余额		本期发生额		期末余额	
	借方	贷方	借方	贷方	借方	贷方
库存现金						
银行存款						
原材料						
应收账款						
固定资产						
短期借款						
应付账款						
应交税费						
长期借款						
实收资本						
合计						

【业务十】用简易账练习账户平行登记方法

1. 资料：

某公司 2011 年 3 月 31 日有关总分类账户和明细分类账户余额如下：

"原材料"账户借方余额 200 000 元，其中：

"原材料——甲材料"账户 800 千克，单价 150 元，借方余额 120 000 元。

"原材料——乙材料"账户 200 千克，单价 100 元，借方余额 20 000 元。

"原材料——丙材料"账户 500 千克，单价 120 元，借方余额 60 000 元。

"应付账款"账户贷方余额 50 000 元，其中：

"应付账款——A 公司"账户贷方余额 30 000 元。

"应付账款——B 公司"账户贷方余额 20 000 元。

2011 年 4 月份发生有关经济交易或事项如下：

（1）用银行存款偿还 A 公司前欠货款 15 000 元。

（2）从 A 公司购进甲材料 100 千克，单价 150 元，价税合计 17 550 元（增值税税率 17 %），货款未付，取得增值税专用发票，材料入库。

（3）生产车间为生产产品向仓库领用一批材料，甲材料 200 千克，单价 150 元，乙材料 100 千克，单价 100 元，丙材料 250 千克，单价 120 元，共计领料金额 70 000 元。

（4）用银行存款偿还 B 公司前欠货款 10 000 元。

（5）从 A 公司购入乙材料 100 千克，单价 100 元，材料入库，价税合计 11 700 元（增值税税率 17 %），取得增值税专用发票，款项用银行存款支付。

2. 要求：

（1）编制会计分录。

（2）开设“原材料”、“应付账款”总分类账户和明细分类账户的 T 字型账，登记期初余额和本期发生额，并结出各账户本期发生额合计和期末余额，其他账户略。

原材料总账

应付账款总账

甲原材料明细账

应付 A 公司账款明细账

乙原材料明细账

应付 B 公司账款明细账

丙原材料明细账

（3）分别对“原材料”、“应付账款”的总分类账和明细分类账进行核对。

【业务十一】用实际账练习账户平行登记的方法

1. 资料：

某工厂 2012 年 2 月份“原材料”、“应付账款”账户总账及所属明细账的期初余额如下：

“原材料”账户：

甲材料 500 千克	单价 10 元	小计 5 000 元
乙材料 250 件	单价 4 元	小计 1 000 元
	合计	6 000 元

“应付账款”账户：

兴华工厂		5 600 元
海丰工厂		2 400 元
	合计	8 000 元

该厂 2 月份发生的材料采购业务如下：

（1）4 日，向兴华工厂购入甲材料 100 千克，单价 10 元，货款 1 000 元，尚未支付。

（2）12 日，仓库发出甲材料 150 千克，单价 10 元，金额 1 500 元；乙材料 200 件，单价 4 元，金额 800 元，合计 2 300 元，用于生产 A 产品。

（3）15 日，用银行存款 8 000 元偿还前欠货款，其中兴华工厂 5 600 元，海丰工厂 2 400 元。

（4）24 日，向兴华工厂购进乙材料 350 件，单价 4 元，货款 1 400 元，尚未支付。

2. 要求：根据上述资料练习“原材料”、“应付账款”总分类账户和明细分类账户的平行登记，其他账户略。

四、参考答案

【练习题】

（一）单项选择题

1. D　2. A　3. A　4. B　5. C　6. B　7. C　8. A　9. A　10. D
11. A　12. D　13. C　14. D　15. C　16. C　17. B　18. A　19. B　20. A
21. A　22. B　23. A　24. A　25. D　26. C　27. C　28. D　29. A　30. C
31. D　32. A　33. A　34. B　35. B　36. B　37. B　38. C　39. B　40. D
41. B　42. D　43. A

（二）多项选择题

1. ABCDE　2. AC　3. ABE　4. ABCD　5. ABCD　6. ABCD　7. BCDE
8. AD　9. ABCDE　10. ABCD　11. BC　12. ABC　13. ABCD　14. AB
15. ABC　16. ABCD　17. AB　18. AB　19. ABCD　20. BCD　21. BDE
22. ABC　23. ABC　24. ABC　25. DE

（三）判断题

1.×　2.×　3.×　4.×　5.√　6.×　7.×　8.×　9.×　10.×
11.√　12.√　13.×　14.√　15. ×　16.√　17.×　18.√　19.×　20.√
21.√　22.√　23.×　24.√　25.√

（四）实务训练

【业务一】科目性质练习

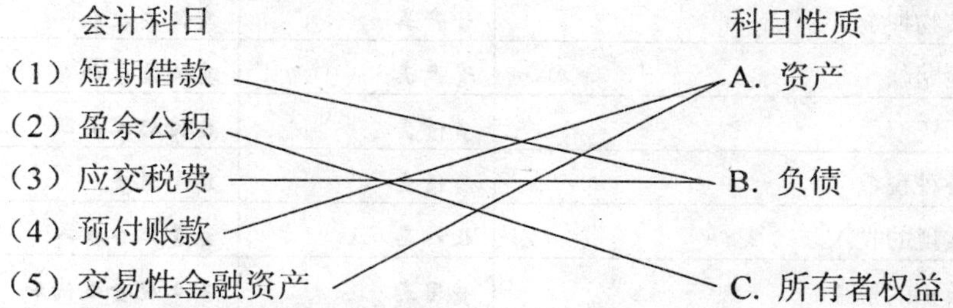

【业务二】练习确定借贷记账法账户结构

账户类别		借方	贷方	余额方向
资产及成本类账户		增加额	减少额	在借方
负债及所有者权益类账户		减少额	增加额	在贷方
损益类账户	收入类账户	减少额	增加额	无余额
	费用类账户	增加额	减少额	无余额

【业务三】经济内容归属科目练习

序号	经济内容	应属科目性质	应属会计科目
1	厂部办公大楼	资产类	固定资产
2	库存各种原材料	资产类	原材料
3	机器设备、汽车	资产类	固定资产
4	库存现金	资产类	库存现金
5	偿还期为半年的银行借款	负债类	短期借款
6	库存完工待售产品	资产类	库存商品
7	存入开户银行的款项	资产类	银行存款
8	车间厂房	资产类	固定资产
9	企业职工借支的款项	资产类	其他应收款
10	应收购货单位货款	资产类	应收账款
11	应付供应单位货款	负债类	应付账款
12	向购货单位预收的销货款	负债类	预收账款
13	向供应单位预付的购料款	资产类	预付账款
14	收到的国家投入的资本金	所有者权益	实收资本
15	正在车间生产的产品发生的费用	成本类	生产成本
16	车间组织管理产品生产发生的费用	成本类	制造费用
17	企业行政管理部门发生的费用	费用类	管理费用
18	短期借款利息费用	费用类	财务费用
19	销售商品发生的广告等费用	费用类	销售费用
20	预收的包装物押金	负债类	其他应付款
21	预付的包装物押金	资产类	其他应收款
22	应收的保险赔款	资产类	其他应收款
23	应付职工工资	负债类	应付职工薪酬
24	应交纳的各种税金	负债类	应交税费
25	销售商品实现的收入	收入类	主营业务收入
26	销售商品负担的税金	费用类	营业税金及附加
27	已销售商品的生产成本	费用类	主营业务成本
28	本年已实现的净利润	所有者权益	本年利润
29	已分配利润	所有者权益	利润分配
30	应付给投资者的利润	负债类	应付利润
31	企业拥有的专利权、商标权	资产类	无形资产
32	从税后利润中提留的公积金	所有者权益	盈余公积

【业务四】练习确定借贷记账法账户结构和登记的内容

资产及成本账户

期初余额	
本期增加资产	本期减少资产
期末余额	

负债及所有者权益账户

	期初余额
本期减少权益	本期增加权益
	期末余额

费用支出账户

本期增加费用	本期转出费用

收入收益账户

本期转出收入	本期增加收入

利润账户

转入费用	转入收入
转出净利润	转出净亏损

【业务五】练习借贷记账法各类会计要素账户之间计算公式

完成各会计要素账户之间的等式关系

账户类别		余额计算公式及换算公式
资产及成本类账户	余额公式	期末借方余额=期初借方余额+本期借方增加额-本期贷方减少额
	换算公式	期初借方余额+本期借方增加额=期末借方余额+本期贷方减少额
		本期借方增加额=期末借方余额+本期贷方减少额-期初借方余额
		本期贷方减少额=期初借方余额+本期借方增加额-期末借方余额
负债及所有者权益类账户	余额公式	期末贷方余额=期初贷方余额+本期贷方增加额-本期借方减少额
	换算公式	期初贷方余额+本期贷方增加额=期末贷方余额+本期贷方减少额
		本期贷方增加额=期末贷方余额+本期贷方减少额-期初贷方余额
		本期借方减少额=期初贷方余额+本期贷方增加额-期末贷方余额

【业务六】填列账户金额计算表

账户金额计算表

单位：元

账户名称	期初余额		本期发生额		期末余额	
	借方	贷方	借方	贷方	借方	贷方
银行存款	4 000 000		300 000	2 000 000	2 300 000	
短期借款		200 000	300 000	500 000		400 000
固定资产	700 000		200 000	300 000	600 000	
管理费用			80 000	80 000		
盈余公积		800 000	400 000	6 000 000		
本年利润	30 000		100 000	90 000	40 000	
主营业务收入			15 000 000	15 000 000		
应交税费		80 000	40 000	80 000		120 000
生产成本	700 000		150 000	800 000	50 000	
预收账款		5 000	30 000	20 000	5 000	

【业务七】复式记账法练习

1. 开设账户

银行存款

期初余额　100 000	

库存现金

期初余额　2 000	

材料采购

生产成本

期初余额 48 000	

原材料

期初余额　110 000	

固定资产

期初余额 500 000	

应付账款

	期初余额 50 000

短期借款

	期初余额 200 000

实收资本

	期初余额 600 000

应交税费

	期初余额 2 000

应收账款

期初余额　500 000	

库存商品

期初余额　70 000	

应付职工薪酬

	期初余额 28 000

2. 编制会计分录

(1) 借：材料采购	40 000	
应交税费——应交增值税（进项税额）	6 800	
贷：银行存款		46 800
(2) 借：银行存款	200 000	
贷：实收资本		200 000
(3) 借：库存现金	1 000	
贷：银行存款		1 000
(4) 借：生产成本	20 000	
贷：原材料		20 000
(5) 借：固定资产	150 000	
贷：银行存款		150 000
(6) 借：应付账款	20 000	
贷：银行存款		20 000
(7) 借：银行存款	30 000	
贷：应收账款		30 000
(8) 借：短期借款	50 000	
应付账款	30 000	
贷：银行存款		80 000
(9) 借：库存现金	4 000	
银行存款	16 000	
贷：应收账款		20 000

3. 登记 T 型账户并结算发生额及余额

银行存款

期初余额	100 000	(1)	46 800
(2)	200 000	(3)	1 000
(7)	30 000	(5)	150 000
(9)	16 000	(6)	20 000
		(8)	80 000
借方发生额	246 000	贷方发生额	297 800
期末余额	48 200		

库存现金

期初余额	2 000		
(3)	1 000		
(9)	4 000		
借方发生额	5 000		
期末余额	7 000		

原材料

期初余额	110 000	(4)	20 000
		贷方发生额	20 000
期末余额	90 000		

生产成本

期初余额	48 000		
(4)	20 000		
借方发生额	20 000		
期初余额	68 000		

材料采购

(1)	40 000		
借方发生额	40 000		
期末余额	40 000		

固定资产

借方		贷方	
期初余额	500 000		
(5)	150 000		
借方发生额	150 000		
期初余额	650 000		

短期借款

借方		贷方	
(8)	50 000	期初余额	200 000
借方发生额	50 000		
		期末余额	150 000

应交税费

借方		贷方	
(1)	6 800	期初余额	2 000
借方发生额			

库存商品

借方		贷方	
期初余额	70 000		
期末余额	70 000		

应付账款

借方		贷方	
(6)	20 000	期初余额	50 000
(8)	30 000		
借方发生额	50 000		
		期末余额	0

实收资本

借方		贷方	
		期初余额	600 000
		(2)	200 000
		贷方发生额	200 000
		期末余额	800 000

应收账款

借方		贷方	
期初余额	500 00	(7)	30 000
		(9)	20 000
		贷方发生额	50 000
期末余额	0		

应付职工薪酬

借方		贷方	
		期初余额	28 000
		期末余额	28 000

4. 编制试算平衡表

总分类账试算平衡表

账户名称	期初余额		本期发生额		期末余额	
	借方	贷方	借方	贷方	借方	贷方
库存现金	2 000		5 000		7 000	
银行存款	100 000		246 000	297 800	48 200	
应收账款	50 000			50 000		
材料采购			40 000		40 000	
原材料	110 000			20 000	90 000	
库存商品	70 000				70 000	
生产成本	48 000		20 000		68 000	
固定资产	500 000		150 000		650 000	
应交税费		2 000	6 800		4 800	
短期借款		200 000	50 000			150 000
应付账款		50 000	50 000			
应付职工薪酬		28 000				28 000
实收资本		600 000		200 000		800 000
合计	880 000	880 000	567 800	567 800	978 000	978 000

【业务八】写出经济业务内容及会计分录

(1) 从银行提现金5 000元。

借：库存现金　　5 000

　贷：银行存款　　5 000

(2) 购进材料8 000元，款项尚未支付。

借：原材料　　8 000

　贷：应付账款　　8 000

(3) 以存款10 000元购进一项固定资产。

借：固定资产　　10 000

　贷：银行存款　　10 000

(4) 以存款偿还应付账款10 000元。

借：应付账款　　10 000

　贷：银行存款　　10 000

(5) 职工预借差旅费1 000元。

借：其他应收款　　1 000

　贷：库存现金　　1 000

(6) 收回应收账款8 000元存入银行。

借：银行存款　　8 000

　贷：应收账款　　8 000

(7) 以银行存款购入材料1 000元。

借：原材料　　1 000

　贷：银行存款　　1 000

(8) 以存款偿还短期借款20 000元。

借：短期借款　　20 000

　贷：银行存款　　20 000

【业务九】结账和试算题

试算平衡表

会计科目	期初余额		本期发生额		期末余额	
	借方	贷方	借方	贷方	借方	贷方
库存现金	760		1 000		1 760	
银行存款	125 500		39 100	101 610	62 990	
原材料	96 700		52 920		149 620	
应收账款	55 400			9 100	46 300	
固定资产	159 500		55 000		214 500	
短期借款		86 000	25 000	30 000		91 000
应付账款		88 750	67 960	52 920		73 710
应缴税费		13 110	7 650			5 460
长期借款				30 000		30 000
实收资本		250 000		25 000		275 000
合计	437 860	437 860	248 630	248 630	475 170	475 170

【业务十】用简易账练习账户平行登记方法

(1) 借：应付账款——A公司　15 000
　　贷：银行存款　15 000

(2) 借：原材料　15 000
　　　应交税费　2 550
　　贷：应付账款　17 550

(3) 借：生产成本　70 000
　　贷：原材料——甲　30 000
　　　　　　——乙　10 000
　　　　　　——丙　30 000

(4) 借：应付账款——B公司　10 000
　　贷：银行存款　10 000

(5) 借：原材料——乙　10 000
　　　应交税费　1 700
　　贷：银行存款　11 700

原材料总账

期初余额	20 0000		
(2)	15 000	(3)	70 000
(5)	10 000		
本期发生额	25 000	本期发生额	70 000
期末余额	155 000		

应付账款总账

		期初余额	50 000
(1)	15 000		
(4)	10 000		
本期发生额	25 000		
		期末余额	25 000

甲原材料明细账

期初余额	120 000		
(2)	15 000	(3)	30 000
本期发生额	15 000	本期发生额	30 000
期末余额	105 000		

应付 A 公司账款明细账

		期初余额	30 000
(1)	15 000		
本期发生额	15 000		
		期末余额	15 000

乙原材料明细账

期初余额	20 000		
(5)	10 000	(3)	10 000
本期发生额	10 000	本期发生额	10 000
期末余额	20 000		

应付 B 公司账款明细账

		期初余额	20 000
(4)	10 000		
本期发生额	10 000		
		期末余额	10 000

丙原材料明细账

期初余额	60 000		
		(3)	30 000
		本期发生额	30 000
期末余额	30 000		

【业务十一】用实际账页练习账户的平行登记

第 1 步：开设“原材料”和“应付账款”两个总分类账户及其所属的明细分类账户。

第 2 步：根据该厂 2 月份发生的材料采购业务编制会计分录如下：

(1) 借：原材料——甲材料	1 000	
贷：应付账款——光华工厂		1 000
(2) 借：生产成本——A 产品	2 300	
贷：原材料——甲材料		1 500
——乙材料		800
(3) 借：应付账款——兴华工厂	5 600	
——海丰工厂	2 400	
贷：银行存款		8 000

（4）借：原材料——乙材料　　　　　　　　1 400

　　贷：应付账款——光华工厂　　　　　　　1 400

第 3 步：根据以上会计分录登记"原材料"、"应付账款"总账和所属明细账。

第 4 步：月末，结出所有账户的借方、贷方本期发生额和期末余额。

总分类账户

会计科目：原材料　　　　　　　　　　　　单位：元

2012年		凭证号	摘要	借方	贷方	借或贷	余额
月	日						
2	1		期初余额			借	6 000
	4	1	购进	1 000		借	7 000
	12	2	生产领用		2 300	借	4 700
	27	4	购进	1 400		借	6 100
2	28		本期发生额及余额	2 400	2 300	借	6 100

原材料明细分类账户

明细科目：甲材料　　　　　　计量单位：千克　金额单位：元

2012年		凭证号	摘要	单价	收入		发出		结余	
月	日				数量	金额	数量	金额	数量	金额
2	1		期初余额	10					500	5 000
	4	1	购进	10	100	1 000			600	6 000
	12	2	生产领用	10			150	1 500	450	4 500
2	28		本期发生额及余额	10	100	1 000	150	1 500	450	4 500

原材料明细分类账户

明细科目：乙材料　　　　　　计量单位：千克　金额单位：元

2012年		凭证号	摘要	单价	收入		发出		结余	
月	日				数量	金额	数量	金额	数量	金额
2	1		期初余额	4					250	1 000
	12	2	生产领用	4			200	800	50	200
	27	4	购进	4	350	1 400			400	1 600
2	28		本期发生额及余额	4	350	1 400	200	800	400	1 600

总分类账户

会计科目：应付账款　　　　单位：元

2012年		凭证号	摘要	借方	贷方	借或贷	余额
月	日						
2	1		期初余额			贷	8 000
	4	1	欠货款		1 000	贷	9 000
	15	3	偿还货款	8 000		贷	1 000
	27	4	欠货款		1 400	贷	2 400
2	28		本期发生额及余额	8 000	2 400	贷	2 400

应付账款明细账户

明细科目：兴华工厂　　　　单位：元

2012年		凭证号	摘要	借方	贷方	借或贷	余额
月	日						
2	1		期初余额			贷	5 600
	4	1	欠货款		1 000	贷	6 600
	15	3	偿还货款	5 600		贷	1 000
	27	4	欠货款		1 400	贷	2 400
2	28		本期发生额及余额	5 600	2 400	贷	2 400

应付账款明细账户

明细科目：海丰工厂　　　　单位：元

2012年		凭证号	摘要	借方	贷方	借或贷	余额
月	日						
2	1		期初余额			贷	2 400
	15	3	偿还货款	2 400		平	0
2	28		本期发生额及余额	2 400		平	0

第五章　制造企业主要经济业务的核算

一、学习概要

本章主要介绍了制造企业运用复式记账原理处理生产经营过程中所发生的主要经济业务，是学习基础会计的重点内容之一。具体包括企业资金筹集业务的核算、供应过程业务的核算、生产过程业务的核算、销售过程业务的核算、利润形成与分配业务的核算等内容。

(一) 制造业企业的主要经济业务内容

制造业企业的主要经济业务内容见表 5.1。

表 5.1　制造业企业的主要经济业务内容

序号	主要经济业务	主要经济业务内容
1	资金筹集	投入资金或借入资金，为生产经营做准备
2	供应过程	购建固定资产，进行设备安装，进行材料采购；办理货款结算，计算材料采购成本、设备的购置成本等
3	生产过程	组织产品生产，消耗设备、材料、人工；计算并结转完工产品成本；办理产成品验收入库手续等
4	销售过程	发出对外销售产品；结算销售产品货款；计算应交纳税金；计算并结转销售产品成本等
5	财务成果形成与分配	（1）计算并交纳税金；计算形成的利润或发生的亏损；按规定办法进行利润分配等 （2）实际缴纳税金、支付已分配利润，资金即退出了企业

（二）会计科目、账户及借贷记账法相关知识及应用

会计科目、账户及借贷记账法相关知识及应用详见表 5.2 和 5.3。

表 5.2　制造业主要经济活动及设置的主要会计科目表

<table>
<tr><th rowspan="2">序号</th><th rowspan="2">主要经济活动</th><th colspan="3">主要会计科目</th></tr>
<tr><th>专用科目</th><th colspan="2">共用科目</th></tr>
<tr><td>1</td><td>资金筹集与退出活动</td><td>实收资本、资本公积、应付债券、长期借款、短期借款、长期应付款</td><td rowspan="2">固定资产、无形资产、工程物资、在建工程、投资性房地产、固定资产清理、应付利息、应收利息、财务费用</td><td rowspan="6">银行存款
库存现金
财务费用
投资收益
库存商品
管理费用
应交税费
其他货币资金
存货跌价准备
资产减值损失</td></tr>
<tr><td>2</td><td>对外投资与回收活动</td><td>交易性金融资产、可供出售金融资产、长期股权投资、公允价值变动损益</td></tr>
<tr><td>3</td><td>付款采购活动</td><td>在途物资、应付账款、预付账款其他应收款、应付票据</td><td rowspan="2">原材料、材料成本差异、周转材料、待处理财产损溢</td></tr>
<tr><td>4</td><td>生产制造及管理活动</td><td>生产成本、制造费用、应付职工薪酬、累计折旧、累计摊销</td></tr>
<tr><td>5</td><td>销货收款活动</td><td>应收账款、应收票据、预收账款、坏账准备</td><td rowspan="2">主营业务收入、主营业务成本、销售费用、营业税金及附加、其他业务收入、其他业务成本</td></tr>
<tr><td>6</td><td>利润形成与分配活动</td><td>本年利润、利润分配、盈余公积、应付利润、公允价值变动损益、营业外收入、营业外支出、所得税费用、以前年度损益调整</td></tr>
</table>

表 5.3　制造业主要经济业务及所编会计分录使用的科目表

序号	经济业务	会计分录使用的科目及方向	
		借方科目	贷方科目
1	收到投入的货币资金，存入银行	银行存款	实收资本
2	收到投入的房屋及设备，交付使用	固定资产	实收资本
3	收到投入的专利技术，交付使用	无形资产	实收资本
4	收到投入房屋及设备，交付建造和安装	在建工程	实收资本
5	用银行存款偿还投资人投入的资本	实收资本	银行存款
6	用房屋和设备偿还投资人投入的资本	实收资本	固定资产
7	用专利权偿还投资人投入的资本	实收资本	无形资产
8	取得一年以上期限的借款，存入银行	银行存款	长期借款
9	取得一年以上借款，直接支付工程款	在建工程	长期借款
10	取得一年整或以下借款，存入银行	银行存款	短期借款
11	取得一年整或以下借款，直接偿还账款	应付账款	短期借款
12	计算工程负担借款利息	在建工程	应付利息
13	计提短期借款利息	财务费用	应付利息
14	用存款偿还长期借款本金	长期借款	银行存款

续表 5.3

序号	经济业务	会计分录使用的科目及方向	
		借方科目	贷方科目
15	银行存款偿还短期借款本金和利息	短期借款 应付利息	银行存款
16	用存款购买材料，发票已到，货未到	在途材料 应交税费	银行存款
17	用现金支付上述购买材料运费	在途材料	库存现金
18	上述材料入库，结转实际成本	原材料	在途材料
19	用现金支付购货定金	预付账款	库存现金
20	预付定金的材料入库，发票已到	原材料 应交税费	预付账款
21	赊购材料，发票已到，材料入库	原材料 应交税费	应付账款
22	用存款偿还赊购材料前欠账款	应付账款	银行存款
23	生产产品领用材料	生产成本	原材料
24	车间一般耗用材料	制造费用	原材料
25	厂部维修用材料	管理费用	原材料
26	从银行提现金	库存现金	银行存款
27	用现金发放工资	应付职工薪酬	库存现金
28	分配生产工人工资	生产成本	应付职工薪酬
29	分配车间管理人员工资	制造费用	应付职工薪酬
30	分配采购及管理人员工资	管理费用	应付职工薪酬
31	计提车间厂房设备折旧费	制造费用	累计折旧
32	计提厂部办公用房及办公设备折旧费	管理费用	累计折旧
33	摊销厂部使用的无形资产使用费	管理费用	累计摊销
34	分配结转制造费用	生产成本	制造费用
35	结转完工产品成本	库存商品	生产成本
36	销售商品，开出增值税发票，货款收存银行	银行存款	主营业务收入 应交税费
37	销售商品，开出增值税发票，货款尚未收到	应收账款	主营业务收入 应交税费
38	预收销货定金，存入银行	银行存款	预收账款
39	发出预收款销售货物，结清预收款	预收账款	主营业务收入 应交税费
40	结转已经销售的商品成本	主营业务成本	库存商品
41	销售材料，开出增值税发票，货款收存银行	银行存款	其他业务收入 应交税费
42	结转已经销售的材料成本	其他业务成本	原材料
43	用存款支付广告费	销售费用	银行存款

续表 5.3

序号	经济业务	会计分录使用的科目及方向	
		借方科目	贷方科目
44	用现金支付差旅费借款	其他应收款	库存现金
45	收到捐款存银行	银行存款	营业外收入
46	用现金支付罚款	营业外支出	库存现金
48	盘亏材料	待处理财产损溢	原材料
49	计算应交消费税、营业税、城建税等	营业税金及附加	应交税费
50	结转收益	主营业务收入 其他业务收入 公允价值变动损益 投资收益 营业外收入	本年利润
51	结转成本、费用和损失	本年利润	主营业务成本 其他业务成本 营业税金及附加 管理费用 财务费用 销售费用 资产减值损失 营业外支出
52	计算应交所得税	所得税费用	应交税费
53	结转所得税费用	本年利润	所得税费用
54	上交税费	应交税费	银行存款
55	计提盈余公积金	利润分配	盈余公积
56	计算应付利润	利润分配	应付利润
57	用存款发放利润	应付利润	银行存款
58	结转本年净利润	本年利润	利润分配

（二）相关知识

（1）企业含义及特征。企业是以营利为目的而从事生产经营活动，向社会提供商品或服务的经济组织。企业是市场经济活动的主要参与者，是社会生产和流通的直接承担者，是推动社会经济技术进步的主要力量。企业是一个自主经营、自我发展和自负盈亏的经济实体。主要有以下特征：

①企业是社会组织，具有社会性和组织性。

②企业是从事商品经营活动的社会组织，具有商品性和经济管理性。

③企业是实行自主经营、自我发展和自负盈亏的社会组织，具有自主性和自律性。

④企业是依法设立、依法经营的“法律虚拟”的社会组织，具有法定性。

（2）企业类型见表 5.4。

表 5.4　企业类型

分类标准	类　型
按法人与非法人标准	（1）非公司企业法人是指具有企业名称、注册资金、组织机构、住所等法定的法人条件，能够独立承担民事责任，经登记主管机关核准登记取得法人资格的经济组织。这类企业虽然具有法人资格，但并非按照《公司法》成立的公司法人，即企业的组织形式不是公司
	（2）有限责任公司，又称有限公司，是指由法律规定的一定人数的股东所组成，股东以其出资额为限对公司债务承担责任，公司以其全部资产对其债务承担责任的企业法人
	（3）一人有限责任公司，简称一人公司、独资公司或独股公司，是指由一名股东(自然人或法人)持有公司的全部出资的有限责任公司
	（4）股份有限公司，又称股份公司，是指公司资本以股份形式所组成的，股东以其认购的股份为限对公司承担责任的有限责任公司
	（5）国有独资公司是指国家单独出资、由国务院或者地方人民政府授权本级人民政府国有资产监督管理机构履行出资人职责的有限责任公司
	（6）个体工商户是在法律允许的范围之内，依法经核准登记，从事工商业经营的自然人
	（7）私营独资企业，是指由一个自然人出资经营的企业。私营独资企业的出资人即私营企业主，要对企业的债务承担无限责任
	（8）私营合伙企业，是指由若干自然人出资经营的企业。企业财产为私营企业主或合伙人共同拥有，共同对公司债务承担无限责任
按照经济类型	（1）国有企业，在国际惯例中，仅指一个国家的中央政府或联邦政府投资或参与控制的企业；在我国，国有企业是指企业全部资产归国家所有，并按《中华人民共和国企业法人登记管理条例》规定登记注册的非公司制的经济组织。简单地讲，资产的投入主体是国有资产管理部门（包括中央和地方政府）的，就是国有企业。政府的意志和利益决定了国有企业的行为
	（2）集体企业，是指财产属于劳动群众集体所有、实行共同劳动、在分配方式上以按劳分配为主体，并按《中华人民共和国企业法人登记管理条例》规定登记注册的经济组织。一般包括城镇集体企业和乡村集体企业两种类型
	（3）股份制企业，是指两个或两个以上的利益主体，以集股经营的方式自愿结合的一种企业组织形式
	（4）私营企业，是指由自然人投资设立或由自然人控股，以雇佣劳动为基础的营利性经济组织
	（5）中外合资经营企业，是指外国公司、企业和其他经济组织或个人同中国的公司、企业或其他经济组织在中国境内共同投资举办的企业
	（6）中外合营企业，是外国企业、其他经济组织或个人，与中国的企业或其他经济组织，在中国境内设立的，依照共同签订的合作经营合同，规定合作各方的权利和义务，并在合同中规定利润、亏损的分享和分担，进行合作经营经济组织

（3）有限责任公司与股份有限公司的区别见表 5.5。

表 5.5　有限责任公司与股份有限公司的区别

有限责任公司	股份有限公司
每个股东以其认缴的出资额对公司承担责任，公司以其全部资产对其债务承担责任	股东以其所认购的股份对公司承担责任，公司以其全部资产对公司债务承担责任
以出资证明书证明股东出资份额	资本划分为等额股份
不能发行股票，不能公开募股	通过发行股票筹集资本
股东的出资不能随意转让	股票可以自由转让
财务不必公开	财务公开

二、小知识

发票罚责

违反《发票管理办法》的规定，有下列情形之一的，由税务机关责令改正，可以处 1 万元以下的罚款，有违法所得的予以没收：

（1）应当开具而未开具发票，或者未按照规定的时限、顺序、栏目，全部联次一次性开具发票，或者未加盖发票专用章的。

（2）使用税控装置开具发票，未按期向主管税务机关报送开具发票数据的。

（3）使用非税控电子器具开具发票，未将非税控电子器具使用的软件程序说明资料报主管税务机关备案，或者未按照规定保存、报送开具发票的数据的。

（4）拆本使用发票的。

（5）扩大发票使用范围的。

（6）以其他凭证代替发票使用的。

（7）跨规定区域开具发票的。

（8）未按照规定缴销发票的。

（9）未按照规定存放和保管发票的。

三、练习题

（一）单项选择题

1. 一般将企业所有者权益中的盈余公积和未分配利润称为　（　　）

A. 实收资本　　B. 资本公积

C. 留存收益　　D. 所有者权益

2. 企业接受其他单位或个人捐赠固定资产时，应贷记的账户之一是　（　　）

A. “营业外收入”账户　　B. “实收资本”账户
C. “资本公积”账户　　D. “盈余公积”账户

3. 下列交易事项中能引起“资本公积”账户借方发生变动的是　　(　　)
A. 接受现金捐赠　　B. 将“资本公积”转增资本
C. 向投资人分配股利　　D. 溢价发行股票

4. 有限责任公司增资扩股时，如果有新的投资者加入，新投资者交纳的出资额大于按约定比例计算的其在注册资本中所占份额部分应贷记的账户是　　(　　)
A. “实收资本”账户　　B. “股本”账户
C. “资本公积”账户　　D. “盈余公积”账户

5. 企业为维持正常的生产经营所需资金而向银行等金融机构临时借入的款项称为　　(　　)
A. 长期借款　　B. 短期借款
C. 长期负债　　D. 流动负债

6. 企业计提长期借款的利息支出时应贷记的账户是　　(　　)
A. “财务费用”账户　　B. “预提费用” 账户
C. “应付利息”账户　　D. “在建工程”账户

7. 企业设置“固定资产”账户是用来反映固定资产的　　(　　)
A. 磨损价值　　B. 累计折旧
C. 原始价值　　D. 净值

8. 下列固定资产中只须在备查簿中进行登记的固定资产是　　(　　)
A. 融资租入的固定资产　　B. 经营租入的固定资产
C. 赊购的固定资产　　D. 正在安装的固定资产

9. 企业的应付账款如果确实无法支付的，经批准后，应贷记　　(　　)
A. “营业外收入”账户　　B. “营业外支出”账户
C. “管理费用”账户　　D. “资本公积”账户

10. 某制造企业为增值税一般纳税人，本期外购原材料一批，发票注明买价 20 000 元，增值税额 3 400 元，入库前发生的挑选整理费用为 1 000 元，则该批原材料的入账价值为　　(　　)
A. 20 000 元　　B. 23 400 元
C. 21 000 元　　D. 24 400 元

11. 某企业为增值税一般纳税企业，材料按实际成本核算，企业购入甲材料 500 千克，单价为 35.2 元，增值税专用发票注明的材料价款为 17 600 元，增值税税额为 2 992 元，企业在材料验收入库时实收 490 千克，短缺的 10 千克为运输途中的合理损耗，则该批材料入库成本为　　(　　)

A. 17 600 元　　B. 20 592 元
C. 17 248 元　　D. 20 180. 16 元

12. 产生应收、应付等会计处理方法运用的基本前提是　（　　）
A. 谨慎性原则　　B. 历史成本原则
C. 会计分期假设　　D. 货币计量假设

13. 下列账户中与“制造费用”账户不可能发生对应关系的账户是　（　　）
A. “实收资本”账户　　B. “待摊费用”账户
C. “应付职工薪酬”账户　　D. “原材料”账户

14. 企业 8 月末负债总额 1 200 万元，9 月份收回欠款 150 万元，用银行存款归还借款 100 万元，用银行存款预付购货款 125 万元，则 9 月末的负债总额为　（　　）
A. 1 100 万元　　B. 1 050 万元
C. 1 125 万元　　D. 1 350 万元

15. 下列费用中，不构成产品成本，而应直接计入当期损益的是　（　　）
A. 直接材料费　　B. 直接人工费
C. 期间费用　　D. 制造费用

16. 企业“应付账款”账户的借方余额反映的是　（　　）
A. 应付给供货单位的款项　　B. 预收购货单位的款项
C. 预付给供货单位的款项　　D. 应收购货单位的款项

17. 某企业预收出租包装物租金账户的 12 月 31 日余额为 200 000 元，如果企业在 12 月末没有对本月已赚取的 100 000 元的租金收入进行入账，则对本期有关项目的影响是　（　　）
A. 资产低估 100 000 元，净利润高估 100 000 元
B. 负债低估 100 000 元，净利润低估 100 000 元
C. 负债高估 100 000 元，净利润低估 100 000 元
D. 负债高估 100 000 元，净利润高估 100 000 元

18. 下列内容中不属于其他业务收入的是　（　　）
A. 存款利息收入　　B. 工业企业出售材料收入
C. 出租固定资产的收入　　D. 出租无形资产的收入

19. 年末结账后，“利润分配”账户的贷方余额表示　（　　）
A. 本年实现的利润总额　　B. 本年实现的净利润额
C. 本年利润分配总额　　D. 年末未分配利润额

20. 企业发生的下列经济业务中，能引起资产和负债同时增加的业务是　（　　）
A. 用银行存款购买原材料　　B. 预收销货款存入银行
C. 提取盈余公积金　　D. 年终结转净利润

21. 企业年初所有者权益总额为 2 000 万元，年内接受捐赠资产 160 万元，本年实现利润总额 500 万元，所得税税率 20%，按 10%提取盈余公积金，决定向投资人分配利润 100 万元。则企业年末的所有者权益总额为 （ ）

A. 2 460 万元　　B. 2 300 万元

C. 2 660 万元　　D. 2 560 万元

22. 采用账结法的企业，“本年利润”账户年内贷方余额表示 （ ）

A. 利润总额　　B. 亏损总额

C. 未分配利润额　　D. 累计净利润额

23. 按权责发生制原则的要求，下列货款应确认为本期主营业务收入的是 （ ）

A. 本月销售产品款项尚未收回，该销售符合收入确认条件

B. 上月销售款本月收回存入银行

C. 本月预收下月货款存入银行

D. 收到本月仓库租金存入银行

24. 下列内容不属于企业营业外支出的是 （ ）

A. 非常损失　　B. 坏账损失

C. 处置固定资产净损失　　D. 处置无形资产净损失

（二）多项选择题

1. 制造业企业的主要经济业务包括 （ ）

A. 资金筹集业务　　B. 供应过程业务

C. 产品生产业务　　D. 产品销售业务

E. 财务成果业务

2. 下列内容可在应付职工薪酬中开支的有 （ ）

A. 职工的医药费　　B. 职工困难补助

C. 养老保险金　　D. 医务福利人员工资

E. 职工教育经费

3. 下列能引起资产和所有者权益同时增加的业务有 （ ）

A. 收到国家投资存入银行　　B. 提取盈余公积金

C. 收到外商投入设备一台　　D. 将资本公积金转增资本

E. 收到外单位捐赠设备一台

4. 一般纳税人企业购入材料的采购成本包括 （ ）

A. 材料买价　　B. 增值税进项税额

C. 采购费用　　D. 采购人员差旅费

E. 销售机构经费

5. 以下税种应在“管理费用”账户核算的有　(　　)

A. 城市维护建设税　B. 房产税
C. 车船使用税　D. 印花税
E. 土地使用税

6. “营业税金及附加”账户借方登记的内容有　(　　)

A. 增值税　B. 消费税
C. 城建税　D. 营业税
E. 所得税

7. 下列项目应在“管理费用”账户中核算的有　(　　)

A. 工会经费　B. 劳动保险费
C. 业务招待费　D. 车间管理人员的工资
E. 业务人员差旅费

8. 企业实现的净利润应进行下列分配　(　　)

A. 计算缴纳所得税　B. 支付银行借款利息
C. 提取法定盈余公积金　D. 提取任意盈余公积金
E. 向投资者分配利润

9. 企业的资本金按其投资主体不同可以分为　(　　)

A. 货币投资　B. 国家投资
C. 个人投资　D. 法人投资
E. 外商投资

10. 企业的会计人员误将当月发生的增值税额计入材料采购成本，其结果有　(　　)

A. 月末资产增加　B. 月末利润增加
C. 月末负债增加　D. 月末财务费用增加
E. 月末应交税费增加

11. 为了具体核算企业利润分配的情况，“利润分配”账户应设置的明细账户有　(　　)

A. 提取法定盈余公积　B. 提取任意盈余公积
C. 应付现金股利或利润　D. 转作股本的股利
E. 盈余公积补亏　F. 未分配利润

12. 关于“本年利润”账户，下列说法中正确的有　(　　)

A. 借方登记期末转入的各项支出额
B. 贷方登记期末转入的各项收入额
C. 贷方余额为实现的累计净利润额

D. 借方余额为发生的累计亏损额

E. 年末经结转后该账户没有余额

13. 为适应权责发生制原则要求而设立的账户有　　　　　　　　　　　　　　　　(　　)

A. 银行存款　　　　　　　　B. 固定资产

C. 应收账款　　　　　　　　D. 长期投资

E. 应付账款

14. 按权责发生制计量基础的要求，下列应全额作为本期费用的有　　　　　　　　(　　)

A. 支付本月的保险费　　　　B. 支付本年的报刊费

C. 尚未付款的本月借款利息　D. 采购员报销差旅费

15. 下列账户中，月末应该没有余额的有　　　　　　　　　　　　　　　　　　(　　)

A. 生产成本　　　　　　　　B. 制造费用

C. 管理费用　　　　　　　　D. 应付职工薪酬

E. 财务费用

16. 关于企业的实收资本，下列说法正确的有　　　　　　　　　　　　　　　　(　　)

A. 是企业实际收到投资人投入的资本金中相当于注册资本金的部分

B. 是企业进行正常经营的条件

C. 是企业向外投出的资产

D. 应按照全部投资额入账

17. 与商品销售收入相配比进而确定形成业务利润的成本、费用包括　　　　　　　(　　)

A. 商品销售成本　　　　　　B. 销售费用

C. 营业税金及附加　　　　　D. 管理费用

E. 财务费用

18. 下列采购费用不计入材料采购成本，而是列作管理费用的有　　　　　　　　　(　　)

A. 采购人员差旅费　　　　　B. 专设采购机构经费

C. 市内采购材料的零星运杂费　D. 运输途中的合理损耗

E. 外地运杂费

19. 在核算材料采购业务时，与“材料采购”或“在途物资”账户相对应的账户一般有　　　　　　　　　　　　　　　　　　　　　　　　　　　　　　　　　(　　)

A.“应付账款”账户　　　　　B.“应付票据”账户

C.“银行存款”账户　　　　　D.“预付账款”账户

E.“应交税费”账户

20. 关于“制造费用”账户，下列说法正确的有　　　　　　　　　　　　　　　(　　)

A. 借方登记实际发生的各项制造费用

B. 贷方登记分配转入产品成本的制造费用

C. 期末结转“本年利润”账户后没有余额

D. 期末一般没有余额

21. 在下列业务所产生的收入中属于“其他业务收入”的有（　　）

A. 出售固定资产收入　　B. 出售材料收入

C. 销售产品取得收入　　D. 出租包装物收入

E. 罚款收入

22. 营业收入的实现可能引起（　　）

A. 资产的增加　　B. 所有者权益的增加

C. 负债的减少　　D. 负债的增加

E. 资产和负债同时增加

23. 对于共同性采购费用，应分配计入材料采购成本，下列内容可以用来作为分配材料采购费用标准的有（　　）

A. 材料的买价　　B. 材料的种类

C. 材料的名称　　D. 材料的重量

E. 材料的体积

24. 产品在生产过程中发生的各项生产费用按其经济用途进行分类构成产品生产成本的成本项目，具体包括（　　）

A. 直接材料费　　B. 直接人工费

C. 期间费用　　D. 财务费用

E. 制造费用

25. 确定本月完工产品成本时，影响其生产成本计算的因素主要有（　　）

A. 月初在产品成本　　B. 本月发生的生产费用

C. 本月已销产品成本　　D. 月末在产品生产成本

E. 月末库存产品成本

26. 企业的资本公积金主要来源有（　　）

A. 股本溢价　　B. 接受投资超过注册资本的部分

C. 接受捐赠　　D. 直接计入所有者权益的利得

27. 在会计上，我们一般将债权人的要求权和投资人的要求权统称为权益，但这两种权益又存在着一定的区别。其主要区别有（　　）

A. 二者性质不同　　B. 是否需要偿还和偿还期限不同

C. 参与权和要求权不同　　D. 清偿方式不同

28. 股份公司形成的可供投资者分配的利润，按要求还要进行以下顺序的分配（　　）

A. 提取法定盈余公积金　　B. 支付优先股股利

C. 提取任意盈余公积金　　D. 支付普通股股利

（三）判断题

1. 企业在销售过程中发生的销售费用直接影响主营业务利润的确定。（ ）

2. 长期待摊费用也是一种费用，只不过它不能全部计入当年损益，而应当分期摊销至各有关会计年度。（ ）

3. 企业用支票支付购货款时，应通过“应付票据”账户进行核算。（ ）

4. “固定资产”账户登记企业所有的固定资产的原价以及固定资产的增减变动和结余情况，不仅包括企业购入、自建的固定资产，同时也包括融资租入的固定资产。（ ）

5. 不论是“加权平均法”还是“先进先出法”，都是为了确定发出材料物资的单价而采用的计价方法，这些方法仅适用于实行实际成本计价的企业单位。（ ）

6. 企业的资本公积金和未分配利润也称为留存收益。（ ）

7. 企业的原材料无论按实际成本计价还是按计划成本计价核算，其计入生产成本的原材料成本最终均应为所耗用材料的实际成本。（ ）

8. 企业对于确实无法支付的应付账款，应在确认时增加企业的营业外收入。（ ）

9. 对于预收货款业务不多的企业，可以不单独设置“预收账款”账户，其发生的预收货款，记入“应收账款”账户的贷方核算。（ ）

10. 融资租入的固定资产在租赁期内，因为所有权不属于企业，所以在使用过程中，不需计提固定资产累计折旧。（ ）

11. 以银行长期借款等长期负债购建的固定资产，发生的借款利息应全部包括在固定资产的取得成本中。（ ）

12. 企业对外出售固定资产时，获得的出售收入应记入“其他业务收入”账户。（ ）

13. 对于到期一次还本付息的银行借款，在到期前的各个会计期末计提利息时，应增加银行借款的账面价值。（ ）

14. 不论短期借款的用途如何，企业发生的短期借款利息支出，均应计入当期损益。（ ）

15. 企业以当年实现的利润弥补以前年度结转的未弥补的亏损时，不需要进行专门的账务处理。（ ）

16. 企业按税后利润一定比例提取的盈余公积金与按职工工资总额的一定比例提取的福利费均可用于职工个人的福利支出。（ ）

17. 捐赠人虽然不是企业的所有者，但是他们捐赠的资产却属于股东权益。（ ）

18. 如果成本不可能可靠地计量，即使其他条件均已满足，相关的收入也不能确认。（ ）

19. 在所有者权益不变的情况下，企业资产的增加可能是由于实现利润而引起的。（ ）

20. 增值税是企业销售收入的一个抵减项目。（　　）

21. 按照权责发生制计量基础的要求，企业收到货币资金必定意味着本月收入的增加。（　　）

22. 企业外购固定资产的成本中包括购入固定资产时所支付的增值税额。（　　）

23. 企业分给投资人的利润在实际支付给投资人之前形成企业的一项长期负债。（　　）

24. 企业计算缴纳的所得税应以净利润为基础，加或减各项纳税调整事项。（　　）

25. 企业当期实现的净利润提取了盈余公积金之后的余额即为企业的未分配利润。（　　）

26. 长期借款的利息支出应根据利息支出的具体情况予以资本化或费用化。（　　）

27. 企业在销售过程中发生的某项费用直接计入制造费用和计入管理费用对当期经营成果的影响是相同的。（　　）

28. 企业的投入资本是企业独立承担民事责任的资金保证，在数量上应等于企业在工商行政管理部门登记的注册资金总额。（　　）

29. 企业宣告向投资人分配股票股利时不需要进行账务处理。但在办理增资手续时要进行相应的会计处理。（　　）

30. 企业在经营过程中所产生的各种利息收入都属于投资收益，应在“投资收益”账户进行核算。（　　）

（四）计算题

1. 目的：练习所有者权益、负债各项目的构成及其他相互关系的确定。

（1）资料：远大股份公司所属 A 公司 2011 年年初所有者权益总额为 231 800 元，年内接受某投资人的投资 800 000 元，接受捐赠 260 000 元，用资本公积金转赠资本 120 000 元。

要求：计算年末公司的所有者权益总额是多少？

（2）资料：远大股份公司所属 B 公司 2011 年年初所有者权益总额为 2 640 000 元。本年接受投资 300 000 元，本期接受捐赠 100 000 元。本年实现净利 800 000 元，年末按净利 10%提取法定盈余公积金，股东大会决定分配给投资者利润 160 000 元。

要求：计算公司年末所有者权益总额是多少？

（3）资料：远大股份公司期初负债总额 2 000 000 元，实收资本 1 600 000 元，资本公积 160 000 元，盈余公积金 110 000 元，未分配利润 130 000 元。本期发生的亏损 400 000 元，用盈余公积金弥补亏损 80 000 元。企业期末资产总额 3 960 000 元，本期内实收资本和资本公积没有发生变化。

要求：计算公司年末未分配利润数额及负债总额。（单位用万元表示）

2. 目的：练习账户之间对应关系的确定。

资料：远大股份公司期初库存材料成本 276 500 元，本期仓库共发出材料成本 1 320 000 元，期末结存材料成本 206 500 元；“应付账款”（材料款）账户期初贷方余额 218 000 元，期末贷方余额为 243 000 元，本期没有发生偿还应付款业务，本期购入材料均已入库。

要求：计算本期购入材料中已付款的材料有多少？

3. 目的：练习权责发生制与收付实现制原则下损益的确定。

资料：远大股份公司 2011 年 6 月份发生下列业务；

（1）销售商品 520 000 元，其中 400 000 元当即收款，存入银行；另 120 000 元尚未收到。

（2）收到上个月提供劳务的款项 100 000 元，存入银行。

（3）用银行存款支付本月管理部门的水电费 7 200 元。

（4）用现金 30 000 元预付下半年的房租。

（5）用银行存款 6 000 元支付本季度银行借款利息（其中本月 2 000 元）。

（6）本月提供劳务获得收入 48 000 元，款项未收到。

（7）按照合同规定预收客户的订货款 200 000 元，存入银行。

（8）本月负担年初已付款的保险费 1 000 元。

（9）上个月已经收款的产品本月发货，价款 280 000 元。

（10）本月负担的房屋修理费 5 000 元（款项在下个月支付）。

要求：分别按收付实现制和权制发生制原则计算公司本月的收入、费用和利润各是多少？

表 5.6　权责发生制与收付实现制计算表

业务号	权责发生制		收付实现制	
	收入	费用	收入	费用
1				
2				
3				
4				
5				
6				
7				
8				
9				
10				
合计				
利润				

（五）实务练训

1. 目的：练习有关资金筹集业务的核算。

资料：远大股份公司 2011 年 7 月份发生下列经济业务。

要求：根据下列业务编制会计分录。

（1）接受大力公司投入货币资金 50 000 元，存入银行。

（2）收到宏达公司投资，其中有设备一台，合同约定金额为 70 000 元，交付使用，材料价值 15 000 元已验收入库。

（3）从银行取得期限为 6 个月的借款 200 000 元存入银行。

（4）上述借款年利率 6%，计算提取本月的借款利息。

（5）经股东大会批准将资本公积金 30 000 元转增资本。

（6）用银行存款 40 000 元偿还到期的银行临时借款。

2. 目的：练习有关材料收发业务的核算。

资料：远大股份公司 2011 年 8 月份发生下列经济业务：

（1）购入甲材料，专用发票上注明的价款 200 000 元，增值税额 34 000 元，款项已付，材料验收入库。

（2）公司上个月预付货款的甲材料的有关账单到达企业，专用发票注明的价款 140 000 元，增值税额 23 800 元，供货单位通过银行退回余款 5 000 元，月末材料尚未到达企业。

（3）公司月末购入的甲材料到货，其暂估成本 100 000 元，凭证账单未到，货款未付。

（4）公司购入甲材料，发票注明的货款 40 000 元，增值税额 6 800 元，货款未付，材料已入库。

（5）公司发出材料，基本生产车间生产产品领用 68 000 元，车间一般性消耗 10 000 元，公司管理部门领用 8 000 元。

要求：根据上述经济业务进行相关的业务处理。

3. 目的：练习固定资产购置业务的核算。

资料：远大股份公司所属的某企业本月发生下列固定资产购置业务。

要求：根据下列所给出的经济业务编制会计分录。

（1）企业购入生产用不需要安装的设备一台，买价 75 000 元，运杂费 1 250 元，保险费 250 元，全部款项已用银行存款支付。

（2）企业购入生产用需要安装的乙设备一台，买价 125 000 元，运杂费 2 000 元，增值税 21 250 元，款项已用银行存款支付。

（3）企业进行乙设备安装，耗用材料 1 250 元，用银行存款支付安装公司安装费 1 750 元。

（4）上述设备安装完毕，经验收合格交付使用，结转工程成本。

4. 目的：练习材料采购业务的核算。

资料：远大股份公司 8 月份发生下列材料物资采购业务。

要求：根据下列业务编制会计分录。

（1）1 日购入甲材料 3 500 千克，单价 8 元，增值税进项税额 4 760 元，款项未付，但材料尚未到达企业。

（2）2 日用银行存款 1 750 元支付上述甲材料运杂费。

（3）3 日购入乙材料 120 吨，单价 420 元，进项税额 8 568 元，款项均通过银行付清，但材料尚未到达企业。

（4）4 日购进材料资料如下：款项均已通过银行付清，供应单位代垫运费 3 300 元（按质量分配）。

表 5.7　材料采购费用计算表

材料名称	数量/kg	含税单价/元	不含税单价/元	税率/%	价款	税款	运费/元	分配率	运费分配
甲材料	1 800	9.36		17%					
丙材料	1 500	5.85		17%					
合计	3 300								

（5）5 日用银行存款 10 000 元预付订购甲材料款。

（6）6 日以前已预付款的丁材料本月到货，价款 72 000 元，增值税进项税额为 12 240 元。

（7）7 日本月购入的甲、乙、丙、丁材料均已验收入库，结转其成本。

（8）13 日从前进公司购入原材料 5 千克，单价 8 200 元，增值税税率 17%，支付运输费 300 元，用银行存款付清，材料已入库。

（9）18 日从红光农场购入属于免税农产品的玉米 50 吨，每吨 600 元，小麦 80 吨，每吨 800 元，已用银行存款付清，材料已入库，增值税税率 13%。

（10）22 日从高明化工厂购入 A 种化工原料 5 吨，单价 3 200 元。增值税税率 17%。上月已预付账款 7 000 元，现开出了一张 3 个月的无息商业承兑汇票 10 000 元，余款以银行存款付清，化工原料已验收入库。

5. 目的：练习产品生产业务的核算。

资料：远大股份公司 2011 年 4 月份发生下列经济业务。

要求：编制本月业务的会计分录。

（1）开出现金支票 58 000 元提取现金备发放工资。

（2）用银行存款 3 000 元支付本月份车间房租。

（3）仓库发出材料，用途如下：

生产产品耗用，12 000 元；

车间一般耗用，4 200 元；

厂部一般耗用，1 500 元。

（4）开出现金支票 750 元购买厂部办公用品。

（5）用银行存款支付应由本月负担的管理部门用房屋保险费 400 元。

（6）用银行存款支付行政管理部门设备修理费 600 元。

（7）计提本月固定资产折旧，其中车间折旧额 1 100 元，厂部折旧额 500 元。

（8）月末分配工资费用，其中：

生产工人工资，34 000 元；

车间管理人员工资，16 000 元；

厂部管理人员工资，8 000 元；

销售人员工资，5 000 元。

（9）按各自工资额的 14%提取福利费。

（10）将本月发生的制造费用转入"生产成本"账户。

（11）本月生产的产品 40 台全部完工，验收入库，结转成本（假设没有期初期末在产品）。

6. 目的：练习产品销售业务的核算。

资料：远大股份公司 2011 年 10 月份发生下列销售业务：

（1）销售产品 18 台，单价 2 000 元，增值税税率 17%，价税款暂未收到。

（2）销售产品总价款 126 000 元，增值税销项税额为 21 420 元，款项收到存入银行。

（3）用银行存款 11 500 元支付销售产品的广告费。

（4）预收某公司订货款 20 000 元存入银行。

（5）企业销售产品价款 478 000 元，增值税税额为 81 260 元，收到一张商业承兑汇票。

（6）结转本月已销产品成本 350 000 元。

（7）经计算本月销售产品的城建税 7 000 元，教育费附加 3 000 元。

要求：编制本月业务的会计分录。

7. 目的：练习有关利润形成业务的核算。

资料：远大股份公司 2011 年 12 月份发生下列有关利润形成与分配的业务。

要求：编制下列业务的会计分录。

（1）企业用现金 4 500 元支付管理部门维修费用。

（2）将无法偿还的应付账款 18 000 元，经批准予以转账。

（3）用银行存款 6 000 元支付交通违章罚款。

（4）报销职工李奇差旅费 200 元，付给现金。

（5）计提应由本月负担的银行借款利息 450 元。

（6）收到某单位违约罚款收入 20 000 元存入银行。

（7）结转本月实现的各项收入，其中产品销售收入 148 000 元，营业外收入 32 000 元。

（8）结转本月发生的各项费用，其中：产品销售成本 40 000 元，产品销售费用 1 500 元，营业税金及附加 2 000 元，管理费用 33 600 元，财务费用 450 元，营业外支出 22 450 元。

（9）根据（7）、（8）项业务确定的利润总额按 25%的税率计算所得税并予以结转。（假设应纳税所得额与会计利润相同）

（10）年末结转本年净利润 60 000 元。

（11）按税后利润 10%提取盈余公积金。

（12）按税后利润 20%分配给投资人。

8. 目的：练习企业经营过程综合业务的核算。

资料：远大股份公司 2011 年 10 月份发生下列业务。

要求：编制本月业务的会计分录。

（1）接受投资人投入的设备一台，原价 100 000 元，已提累计折旧 10 000 元，评估作价 80 000 元并投入使用。

（2）接受某单位捐赠设备价值 10 000 元，货币资金 5 000 元。

（3）从银行取得临时借款 500 000 元，存入银行。

（4）收回某单位所欠本企业货款 8 000 元存入银行。

（5）用银行存款 2 400 元支付本月办公楼房租费。

（6）企业销售 A 产品总价款 292 500 元（含税），税率 17%，款项已收到。

（7）供应单位发来的甲材料 38 000 元，增值税进项税额为 6 460 元，款已预付。材料验收入库。

（8）生产 A 产品领用甲材料 3 600 元，乙材料 2 400 元。

（9）车间一般性消耗材料 1 200 元。

（10）车间管理用设备发生修理费 800 元，用现金支付。

（11）开出转账支票 30 000 元发放工资。

（12）车间领用甲材料 5 000 元用于 B 产品的生产。

（13）开出转账支票 100 000 元支付销售 A 产品广告费。

（14）企业销售 B 产品价款 50 000 元，增值税销项税额为 8 500 元，款项暂未收到。

（15）按 5%的消费税税率计算 B 产品的消费税。

（16）企业购买一台生产用车床，买价 240 000 元，增值税 40 800 元，运杂费 1 000 元，款项暂未支付，设备交付使用。

（17）开出现金支票购买车间办公用品 780 元。

（18）提取本月固定资产折旧，其中车间 8 100 元，厂部 3 200 元。

（19）计提应由本月负担的银行借款利息 980 元。

（20）用银行存款 34 000 元支付上年分配给投资人的利润。

（21）分配工资费用，其中 A 产品工人工资 12 000 元，B 产品工人工资 10 000 元，车间管理人员工资 8 000 元。

（22）按各自工资额 14%提取福利费。

（23）经批准将盈余公积金 60 000 元转增资本。

（24）本月发生制造费用 20 000 元，按生产工时（A 产品 6 000 个、B 产品 4 000 个）分配计入 A、B 产品成本。

（25）本月生产的 A 产品 15 台现已完工，总成本 38 500 元，验收入库，结转成本。

（26）用银行存款 5 400 元支付环境污染罚款支出。

（27）结转已销售 A 产品成本 138 000 元。

（28）将本月实现的产品销售收入 500 000 元，发生的产品销售成本 138 000 元，产品销售费用 100 000 元，营业税金及附加 25 000 元，管理费用 17 500 元，财务费用 980 元，投资收益 50 000 元，营业外收入 11 000 元，营业外支出 5 400 元转入“本年利润”账户。

（29）本月实现利润总额 274 120 元，按 25%的所得税税率计算所得税并予以结转。（假设应纳税所得额与会计利润相同）

（30）年末结转本年实现净利润。

（31）按税后利润的 10%提取法定盈余公积金。

（32）将剩余利润 40%分配给投资人。

（六）案例分析

【案例简介】

从“应收账款”发现账目异常

税务稽查组检查一家生产家具的 A 公司，按常规的方法检查后，虽找到了收入下降和成本升高的原因，但未能发现企业偷逃税款的迹象，这与检举情况不相符。检查员小吴对审计报告颇感兴趣，他发现注册会计师对 A 公司被检查年度出具的审计报告中有这样的保留意见：由于贵公司对 B 公司和 C 公司等单位的应收账款串户问题严重，我们无法认定有关应收账款明细账期末余额的正确性。“等单位”究竟还指哪些单位？“串户问题”到底是怎样的情况？带着这些疑问，小吴将 B 公司和 C 公司的相关记账凭证进行逐一核对，果然发现了张冠李戴的“串户问题”，即 A 公司将收回的其他 9 家公司的销货款分别集中冲减了 B 公司和 C 公司的应收账款借方余额，会计处理为借记“银行存款”（款项来源为 9 家公司），贷记“应收账款——B 公司或 C 公司”，导致 B 公司和 C 公司的应收账款明细账年末出现了贷方余额，审计报告中的“等单位”就是暗指这9家公司。A公司为什么要这样做呢？小吴分析，A公司对这9家公司的销售没有先作借记“应收账款”，贷记“主营业务收入”处理，目的是在收到货款后进行移花接木，直接冲减了与这9家公司毫无关系的B公司和C公司的应收账款，以达到少计销售收入的目的。

最终查明，A公司为了达到偷税的目的，按照上述方法进行账务处理，全年共少计主营业务收入近1 000万元。同时，A公司将相关的产品销售成本（均匀地）混杂在其他各月份，按正常确认销售收入的产品销售成本进行结转，所以并没有造成销售成本结转的大起大落，在一定程度上迷惑了检查人员对纳税情况的分析。

【案例提示】

从上述案例可见，税务稽查工作应充分利用其他部门或单位的相关检查报告，从中找出意想不到的迹象，为解决问题寻找突破口。如在上述案例中，正是审计报告出具的保留意见点醒了检查人员，从而使检查人员顺藤摸瓜地发现了这9家公司所实现的销售没有记账。因此，作为税务稽查人员，务必重视对其他部门或单位相关检查报告的阅读、理解和利用，不仅要学会如何看懂、分析这些检查报告，而且还要掌握如何利用这些检查报告的技巧。例如，由于注册会计师审计的独立性受到一定程度的影响，一些审计报告往往还不能把存在问题完全如实披露，或披露时表述婉转、旁敲侧击、点到为止，这时税务检查人员不仅要能够正确理解审计报告披露的问题，而且还要善于分析其弦外之音。从中发现与税收相关的问题，并作适当的衔接和翻译，达到为己所用的目的。

四、参考答案

【练习题】

（一）单项选择题

1. C　2. A　3. B　4. C　5. B　6. C　7. C　8. B　9. A　10. C
11. A　12. C　13. A　14. A　15. C　16. C　17. C　18. A　19. D　20. B
21. B　22. D　23. A　24. B

（二）多项选择题

1. ABCDE　2. ABCDE　3. AC　4. AC　5. BCDE　6. BCD　7. ABCE
8. CDE　9. BCDE　10. AE　11. ABCDEF　12. ABCDE　13. CE　14. ACD
15. CE　16. AB　17. ABCDE　18. ABC　19. ABCD　20. ABD　21. BD
22. ABC　23. ADE　24. ABE　25. AB　26. ABD　27. ABCD　28. ACBD

（三）判断题

1.×　2.√　3.×　4.√　5.√　6.×　7.√　8.√　9.√　10.×
11.×　12.×　13.×　14.×　15.√　16.×　17.×　18.√　19.√　20.×

21.×　22.×　23.×　24.×　25.×　26.√　27.×　28.√　29.√　30.×

（四）计算题

1. 目的：练习所有者权益各项目的构成及其他相互关系的确定。

（1）年末所有者权益总额=231 800+800 000=1031 800（元）

（2）公司年末所有者权益总额=2 640 000+300 000+800 000−160 000=3 580 000(元)

（3）年末未分配利润数额=13−40+8= −19（万元）

年末负债总额=396−160−16−11−13−40=156（万元）

2. 目的：练习账户之间对应关系的确定。

计算公式：期初余额+本期增加=本期减少+期末余额

本期增加材料成本=1 320 000+206 500−276 500=1 250 000(元)

应付账款账户本期发生额=期末−期初=243 000−218 000=25 000(元)

本期购入材料中已付款的材料金额=1 250 000−25 000=1 225 000(元)

3. 目的：练习权责发生制与收付实现制原则下损益的确定。

权责发生制与收付实现制计算表

业务号	权责发生制		收付实现制	
	收入	费用	收入	费用
1	520 000		400 000	
2			100 000	
3		7 200		7 200
4				30 000
5		2 000		6 000
6	48 000			
7			200 000	
8		1 000		
9	280 000			
10		5 000		
合计	848 000	15 200	700 000	43 200
利润	832 800		656 800	

（五）实务训练

1. 资金筹集业务的核算

(1) 借：银行存款 50 000
　　贷：实收资本 50 000

(2) 借：固定资产 70 000
　　　原材料 15 000
　　贷：实收资本 85 000

(3) 借：银行存款 200 000
　　贷：短期借款 200 000

(4) 借：财务费用 1 000
　　贷：应付利息 1 000

(5) 借：资本公积 30 000
　　贷：实收资本 30 000

(6) 借：短期借款 40 000
　　贷：银行存款 40 000

2. 材料收发业务的核算

(1) 借：原材料 200 000
　　　应交税费——应交增值税（进项税额） 34 000
　　贷：银行存款 234 000

(2) 借：在途物资 140 000
　　　应交税费——应交增值税（进项税额） 23 800
　　贷：预付账款 163 800
　借：银行存款 5 000
　　贷：预付账款 5 000

或：

　借：在途物资 140 000
　　　应交税费——应交增值税（进项税额） 23 800
　　　银行存款 5 000
　　贷：预付账款 168 800

(3) 月末：
　借：原材料 100 000
　　贷：应付账款 100 000

下月初红字冲销：

借：原材料　　100 000（红字）

　贷：应付账款　　100 000（红字）

(4) 借：原材料　　40 000

　　应交税费——应交增值税（进项税额）　　6 800

　贷：应付账款　　46 800

(5) 借：生产成本　　68 000

　　制造费用　　10 000

　　管理费用　　8 000

　贷：原材料　　86 000

3. 固定资产购置业务的核算

(1) 借：固定资产——生产经营用固定资产　　76 500

　贷：银行存款　　76 500

(2) 借：在建工程　　127 000

　　应交税费——应交增值税（进项税额）　　21 250

　贷：银行存款　　148 250

(3) 借：在建工程　　3 000

　贷：银行存款　　1 750

　　原材料　　1 250

(4) 借：固定资产　　130 000

　贷：在建工程　　130 000

4. 材料采购业务

(1) 借：在途物资——甲材料　　28 000

　　应交税费——应交增值税（进项税额）　　4 760

　贷：应付账款　　32 760

(2) 借：在途物资——甲材料　　1 750

　贷：银行存款　　1 750

(3) 借：在途物资——乙材料　　50 400

　　应交税费——应交增值税（进项税额）　　8 568

　贷：银行存款　　58 968

(4) 借：在途物资——甲材料　　16 200

　　——丙材料　　9 000

　　应交税费——应交增值税（进项税额）　　3 723

　贷：银行存款　　28 923

(5) 借：预付账款	10 000	
贷：银行存款		10 000
(6) 借：在途物资——丁材料	72 000	
应交税费——应交增值税（进项税额）	12 240	
贷：预付账款		10 000
银行存款		74 240
(7) 借：原材料——甲材料	45 950	
——乙材料	50 400	
——丙材料	9 000	
——丁材料	72 000	
贷：在途物资——甲材料		45 950
——乙材料		50 400
——丙材料		9 000
——丁材料		72 000
(8) 借：原材料	41 300	
应交税费——应交增值税（进项税额）	6 970	
贷：银行存款		48 270
(9) 借：原材料——玉米	26 100	
——小麦	55 680	
应交税费——应交增值税（进项税额）	12 220	
贷：银行存款		94 000
(10) 借：原材料	16 000	
应交税费——应交增值税（进项税额）	2 720	
贷：预付账款		7 000
应付票据		10 000
银行存款		1 720

5. 产品生产业务的核算

(1) 借：库存现金	58 000	
贷：银行存款		58 000
(2) 借：制造费用	3 000	
贷：银行存款		3 000
(3) 借：生产成本	12 000	
制造费用	4 200	
管理费用	1 500	

贷：原材料		17 700
(4) 借：管理费用	750	
贷：银行存款		750
(5) 借：管理费用	400	
贷：银行存款		400
(6) 借：管理费用	600	
贷：银行存款		600
(7) 借：制造费用	1 100	
管理费用	500	
贷：累计折旧		1 600
(8) 借：生产成本	34 000	
制造费用	16 000	
管理费用	8 000	
销售费用	5 000	
贷：应付职工薪酬——工资		63 000
(9) 借：生产成本	4 760	
制造费用	2 240	
管理费用	1 120	
销售费用	700	
贷：应付职工薪酬——福利费		8 820
(10) 借：生产成本	26 540	
贷：制造费用		26 540
(11) 借：库存商品	77 300	
贷：生产成本		77 300

6. 销售业务的核算

(1) 借：应收账款	42 120	
贷：主营业务收入		36 000
应交税费——应交增值税（销项税额）		6 120
(2) 借：银行存款	147 420	
贷：主营业务收入		126 000
应交税费——应交增值税（销项税额）		21 420
(3) 借：销售费用	11 500	
贷：银行存款		11 500
(4) 借：银行存款	20 000	

贷：预收账款 20 000

(5) 借：应收票据 559 260

贷：主营业务收入 478 000

应交税费——应交增值税（销项税额） 81 260

(6) 借：主营业务成本 350 000

贷：库存商品 350 000

(7) 借：营业税金及附加 10 000

贷：应交税费——城建税 7 000

——教育费附加 3 000

7. 利润形成业务的核算

(1) 借：管理费用 4 500

贷：库存现金 4 500

(2) 借：应付账款 18 000

贷：营业外收入 18 000

(3) 借：营业外支出 6 000

贷：银行存款 6 000

(4) 借：管理费用 200

贷：库存现金 200

(5) 借：财务费用 450

贷：应付利息 450

(6) 借：银行存款 20 000

贷：营业外收入 20 000

(7) 借：主营业务收入 148 000

营业外收入 32 000

贷：本年利润 180 000

(8) 借：本年利润 100 000

贷：主营业务成本 40 000

营业税金及附加 2 000

销售费用 1 500

管理费用 33 600

财务费用 450

营业外支出 22 450

(9) 借：所得税费用 20 000

贷：应交税费——应交所得税 20 000

借：本年利润　　20 000

　　贷：所得税费用　　20 000

(10) 借：本年利润　　60 000

　　贷：利润分配——未分配利润　　60 000

(11) 借：利润分配——提取法定盈余公积　　6 000

　　贷：盈余公积——法定盈余公积　　6 000

(12) 借：利润分配——应付现金股利或利润　　12 000

　　贷：应付股利　　12 000

8. 企业整个生产经营过程中综合业务的核算

(1) 借：固定资产　　80 000

　　贷：实收资本　　80 000

(2) 借：固定资产　　10 000

　　　　银行存款　　5 000

　　贷：营业外收入　　15 000

(3) 借：银行存款　　500 000

　　贷：短期借款　　500 000

(4) 借：银行存款　　8 000

　　贷：应收账款　　8 000

(5) 借：管理费用　　2 400

　　贷：银行存款　　2 400

(6) 借：银行存款　　292 500

　　贷：主营业务收入　　250 000

　　　　应交税费——应交增值税（销项税额）　　42 500

(7) 借：原材料——甲材料　　38 000

　　　　应交税费——应交增值税（进项税额）　　6 460

　　贷：预付账款　　44 460

(8) 借：生产成本——A产品　　6 000

　　贷：原材料——甲材料　　3 600

　　　　　　　——乙材料　　2 400

(9) 借：制造费用　　1 200

　　贷：原材料　　1 200

(10) 借：制造费用　　800

　　贷：库存现金　　800

(11) 借：应付职工薪酬——工资　30 000
　　贷：银行存款　30 000

(12) 借：生产成本——B产品　5 000
　　贷：原材料——甲材料　5 000

(13) 借：销售费用　100 000
　　贷：银行存款　100 000

(14) 借：应收账款　58 500
　　贷：主营业务收入　50 000
　　　　应交税费——应交增值税（销项税额）　8 500

(15) 借：营业税金及附加　2 500
　　贷：应交税费——应交消费税　2 500

(16) 借：固定资产　241 000
　　　　应交税费——应交增值税（进项税额）　40 800
　　贷：应付账款　281 800

(17) 借：制造费用　780
　　贷：银行存款　780

(18) 借：制造费用　8 100
　　　　管理费用　3 200
　　贷：累计折旧　11 300

(19) 借：财务费用　980
　　贷：应付利息　980

(20) 借：应付股利　34 000
　　贷：银行存款　34 000

(21) 借：生产成本——A产品　12 000
　　　　　　　　——B产品　10 000
　　　　制造费用　8 000
　　贷：应付职工薪酬——工资　30 000

(22) 借：生产成本——A产品　1 680
　　　　　　　　——B产品　1 400
　　　　制造费用　1 120
　　贷：应付职工薪酬——福利费　4 200

(23) 借：盈余公积　60 000
　　贷：实收资本　60 000

(24) 借：生产成本——A产品　　12 000
　　　　　　　　——B产品　　8 000
　　贷：制造费用　　20 000
(25) 借：库存商品——A产品　　38 500
　　贷：生产成本　　38 500
(26) 借：营业外支出　　5 400
　　贷：银行存款　　5 400
(27) 借：主营业务成本　　138 000
　　贷：库存商品——A产品　　138 000
(28) 借：主营业务收入　　500 000
　　　　投资收益　　50 000
　　　　营业外收入　　11 000
　　贷：本年利润　　561 000
　　借：本年利润　　286 880
　　贷：主营业务成本　　138 000
　　　　销售费用　　100 000
　　　　营业税金及附加　　25 000
　　　　管理费用　　17 500
　　　　财务费用　　980
　　　　营业外支出　　5 400
(29) 借：所得税费用　　68 530
　　贷：应交税费——应交所得税　　68 530
　　借：本年利润　　68 530
　　贷：所得税费用　　68 530
(30) 借：本年利润　　205 590
　　贷：利润分配——未分配利润　　205 590
(31) 借：利润分配——提取法定盈余公积　　20 559
　　贷：盈余公积——法定盈余公积　　20 559
(32) 借：利润分配——应付现金股利或利润　　74 012.40
　　贷：应付股利　　74 012.40

第六章　账户分类

一、学习概要

通过本章学习，要求掌握账户按其经济内容分类与按其用途和结构分类的内容和方法，熟悉每一类账户的特点和使用规律，理解各类账户之间的区别和联系，进一步提高运用账户处理各种经济业务的能力。

账户分类是对全部账户按照会计核算要求所进行的科学概括和归纳。通过账户分类，可以在了解各个账户特性的基础上，总结出某些账户的共性，探讨账户之间内在联系与区别，掌握各类账户在提供核算指标方面的规律性。

账户进行分类时可以采用不同的标志，运用不同的标志对账户进行分类，可以从不同的角度全方位观察账户体系的全貌。

账户分类的标志一般有四种：按会计要素分类；按经济内容分类；按用途和结构分类；按账户与会计报表的关系分类。详见表6.1和6.2。

表6.1　账户分类表

序号	账户名称	按用途和结构分类	按经济内容分类	按会计要素分类	按与报表的关系分类
1	库存现金	盘存	资产	资产	资产负债表
2	银行存款	盘存	资产	资产	资产负债表
3	其他货币资金	盘存	资产	资产	资产负债表
4	材料采购	计价对比	成本	资产	资产负债表
5	在途材料	计价对比	成本	资产	资产负债表
6	原材料	盘存	资产	资产	资产负债表
7	周转材料	盘存	资产	资产	资产负债表
8	材料成本差异	资产调整	资产	资产	资产负债表
9	库存商品	盘存	资产	资产	资产负债表

续表 6.1

序号	账户名称	按用途和结构分类	按经济内容分类	按会计要素分类	按与报表的关系分类
10	存货跌价准备	资产调整	资产	资产	资产负债表
11	应付票据	债务结算	负债	负债	资产负债表
12	应付账款	债务结算	负债	负债	资产负债表
13	预付账款	债权结算	资产	资产	资产负债表
14	其他应收款	债权结算	资产	资产	资产负债表
15	长期应收款	债权结算	资产	资产	资产负债表
16	未确认融资收益	资产调整	资产	资产	资产负债表
17	坏账准备	资产调整	资产	资产	资产负债表
18	固定资产	盘存	资产	资产	资产负债表
19	累计折旧	资产调整	资产	资产	资产负债表
20	固定资产减值准备	资产调整	资产	资产	资产负债表
21	固定资产清理	资产处置	资产	资产	资产负债表
22	待处理财产损溢	资产处置	资产	资产	资产负债表
23	工程物资	盘存	资产	资产	资产负债表
24	在建工程	成本计算	资产	资产	资产负债表
25	在建工程减值准备	资产调整	资产	资产	资产负债表
26	无形资产	盘存	资产	资产	资产负债表
27	累计摊销	资产调整	资产	资产	资产负债表
28	无形资产减值准备	资产调整	资产	资产	资产负债表
29	投资性房地产	盘存	资产	资产	资产负债表
30	交易性金融资产	盘存	资产	资产	资产负债表
31	公允价值变动损益	收入计算	收入	收入	利润表
32	可供出售金融资产	盘存	资产	资产	资产负债表
33	持有至到期投资	盘存	资产	资产	资产负债表
34	长期股权投资	盘存	资产	资产	资产负债表
35	长期股权投资减值准备	资产调整	资产	资产	资产负债表
36	投资收益	收入计算	收入	收入	利润表
37	长期待摊费用	跨期摊配	资产	资产	资产负债表
38	资产减值损失	费用计算	费用	费用	利润表
39	生产成本	成本计算	成本	资产	资产负债表
40	制造费用	集合分配	成本	资产	资产负债表
41	劳务成本	成本计算	成本	资产	资产负债表
42	研发支出	成本计算	成本	资产	资产负债表
43	其他应付款	债务结算	负债	负债	资产负债表

续表 6.1

序号	账户名称	按用途和结构分类	按经济内容分类	按会计要素分类	按与报表的关系分类
44	应付职工薪酬	债务结算	负债	负债	资产负债表
45	应交税费	债务结算	负债	负债	资产负债表
46	衍生工具	双重结算	共同	资产与负债	资产负债表
47	套期工具	双重结算	共同	资产与负债	资产负债表
48	被套期项目	双重结算	共同	资产与负债	资产负债表
49	短期借款	债务结算	负债	负债	资产负债表
50	长期借款	债务结算	负债	负债	资产负债表
51	应付债券	债务结算	负债	负债	资产负债表
52	长期应付款	债务结算	负债	负债	资产负债表
53	未确认融资费用	负债调整	负债	负债	资产负债表
54	预计负债	跨期摊配	负债	负债	资产负债表
55	实收资本	权益	所有者权益	所有者权益	资产负债表
56	资本公积	权益	所有者权益	所有者权益	资产负债表
57	盈余公积	权益	所有者权益	所有者权益	资产负债表
58	利润分配	利润调整	所有者权益	利润	资产负债表
59	应付股利	债务结算	负债	负债	资产负债表
60	应付利息	债务结算	负债	负债	资产负债表
61	本年利润	财务成果计算	所有者权益	利润	跨双表
62	营业外收入	利润调整	所有者权益	利润	利润表
63	营业外支出	利润调整	所有者权益	利润	利润表
64	所得税费用	利润调整	所有者权益	利润	利润表
65	以前年度损益调整	利润调整	所有者权益	利润	利润表
66	主营业务收入	收入计算	收入	收入	利润表
67	其他业务收入	收入计算	收入	收入	利润表
68	应收票据	债权结算	资产	资产	资产负债表
69	应收账款	债权结算	资产	资产	资产负债表
70	预收账款	债务结算	负债	负债	资产负债表
71	主营业务成本	费用计算	费用	费用	利润表
72	其他业务成本	费用计算	费用	费用	利润表
73	营业税金及附加	费用计算	费用	费用	利润表
74	销售费用	费用计算	费用	费用	利润表
75	管理费用	费用计算	费用	费用	利润表
76	财务费用	费用计算	费用	费用	利润表

表 6.2 账户分类汇总表

按会计要素分类	按经济内容分类	账 户 名 称	按用途和结构分类	按与报表的关系分类
资产	资产类	库存现金、银行存款、其他货币资金、原材料、周转材料、库存商品、固定资产、在建工程、无形资产、交易性金融资产、可供出售金融资产、持有至到期投资、长期股权投资	盘存	资产负债表账户
		坏账准备、存货跌价准备、累计折旧、固定资产减值准备、长期股权投资减值准备、累计摊销、材料成本差异、未确认融资费用	资产调整	
		固定资产清理、待处理财产损溢	资产处置	
		应收账款、应收票据、预付账款、其他应收款、长期应收款	债权结算	
		长期待摊费用、预计负债	跨期摊配	
	成本类	生产成本、劳务成本、在建工程	成本计算	
		制造费用	集合分配	
		材料采购、在途材料	计价对比	
	共同类	衍生工具、套期工具、被套期项目	双重结算	
负债	负债类	短期借款、应付票据、应付账款、应付股利、应付利息、预收账款、其他应付款、应付职工薪酬、应交税费、长期借款、应付债券、长期应付款	债务结算	
		未确认融资收益	债务调整	
所有者权益	所有者权益类	实收资本、资本公积、盈余公积	权益	
利润		利润分配、营业外收入、营业外支出、所得税费用、以前年度损益调整	利润调整	
		本年利润	财务成果计算	
收入	损益类	主营业务收入、其他业务收入、投资收益、公允价值变动损益	收入计算	损益表账户
费用		主营业务成本、其他业务成本、营业税金及附加、销售费用、管理费用、财务费用、资产减值损失	费用计算	

二、小知识

代理记账

代理人代理记账，应购领统一格式的账簿凭证，启用账簿时送主管税务机关审验盖章。账簿和凭证要按发生的时间先后顺序填写、装订或粘贴，凭证和账簿不得涂改、销毁、挖补。对各种账簿、凭证、表格必须保存10年以上，销毁时须经主管税务机关审验和批准。具体包括：

1. 代理审核原始凭证

（1）原始凭证内容的真实性与完整性。

（2）原始凭证取得的时效性与合法性。

2. 代制记账凭证

记账凭证是根据合法的原始凭证或原始凭证汇总表编制的，它是登记账簿的依据。代理人应根据纳税单位原始凭证的多寡和简繁情况，按月或按旬到户代制记账凭证。代理人完成记账凭证的编制后，应帮助纳税单位建立立卷归档制度，指定专人保管。

三、练习题

（一）单项选择题

1. 在下列所有者权益账户中，反映所有者原始投资的账户是（　　）

A. 实收资本　　B. 盈余公积

C. 本年利润　　D. 利润分配

2. “生产成本”账户如有借方余额，按其经济内容分类属于（　　）

A. 计价对比类账户　　B. 盘存类账户

C. 资产类账户　　D. 集合分配类账户

3. 下列不属于负债账户的是（　　）

A. 应付账款　　B. 应收账款

C. 预收账款　　D. 应付职工薪酬

4. “其他业务成本”账户按其经济内容分类属于（　　）

A. 负债类账户　　B. 利润类账户

C. 成本类账户　　D. 费用类账户

5. 账户最基本的分类标志是 ( )

A. 以用途和结构作为分类标志 B.以经济内容作为分类标志

C. 以统驭与被统驭关系作为分类标志 D.以会计主体作为分类标志

6. 属于集合分配账户的有 ( )

A. 制造费用 B. 管理费用

C. 待摊费用 D. 财务费用

7. “本年利润”账户属于 ( )

A. 结算账户 B. 盘存账户

C. 收入账户 D. 财务成果账户

8. 核算资产的账户是 ( )

A. 短期借款 B. 实收资本

C. 库存现金 D. 生产成本

9. “材料成本差异”账户属于 ( )

A. 跨期摊配账户 B. 备抵附加账户

C. 结算账户 D. 计价对比账户

10. 下列属于费用类账户的是 ( )

A. 制造费用 B.材料采购

C. 营业外支出 D.材料采购

（二）多项选择题

1. 账户的经济内容是指 ( )

A. 反映和监督的经济内容

B. 正确掌握会计账户和相应会计报表的关系

C. 借贷记账法的应用

D. 账户所反映的会计要素的具体内容

2. 下列账户期末一般没有余额的是 ( )

A. 收入类账户 B. 费用类账户

C. 资产类账户 D. 负债类账户

3. 下列属于所有者权益账户的是 ( )

A. 盈余公积 B. 实收资本

C. 利润分配 D. 资本公积

4. 账户分类的主要标志有 ( )

A. 按账户的经济内容分类 B. 按账户的名称分类

C. 按账户的用途和结构分类 D. 按账户与会计报表的关系分类

5. 下列属于成本类账户的有 （ ）

A. 生产成本　　B. 制造费用

C. 原材料　　D. 主营业务成本

6. 下列属于费用类账户的有 （ ）

A. 累计折旧　　B. 主营业务成本

C. 销售费用　　D. 坏账准备

7. 下列既属于资产账户又属于结算账户的有 （ ）

A. 应收账款　　B. 其他应收款

C. 固定资产　　D. 应付账款

8. 下列既属于核算损益的账户又属于费用账户的有 （ ）

A. 营业税金及附加　　B. 主营业务成本

C. 营业外支出　　D. 所得税费用

9. 调整账户，按其调整方式的不同分为 （ ）

A. 摊配账户　　B. 备抵账户

C. 附加账户　　D. 备抵附加账户

10. 按照用途和结构分类，属于成本类账户的有 （ ）

A. 材料采购　　B. 生产成本

C. 在建工程　　D. 制造费用

（三）判断题

1. 静态会计账户所提供的资料是编制损益表的基础，动态会计账户所提供的资料是编制资产负债表的基础。 （ ）

2. 资产类账户的余额可能不在借方。 （ ）

3. 所有者权益类账户的期末余额之和在数量上等于企业的资产净值。 （ ）

4. 材料采购账户是计价对比账户。 （ ）

5. 在有期末余额的情况下，利润分配账户是所有者权益账户。 （ ）

6. 账户按结构分类，可以取得会计核算指标，也可以明确账户借方、贷方、余额方向及登记内容。 （ ）

7. 每一个明细分类账户就是对其统驭账户核算内容的必要补充。 （ ）

8.“应付账款”是一个典型的债务结算账户，但它也有可能是债权债务结算账户。 （ ）

9.“累计折旧”既是资产类账户又是调整账户。 （ ）

10. 备抵账户是作为增补被调整对象原始数额，以确定被调整对象的实有数额。 （ ）

11.“材料成本差异”是“原材料”的备抵附加账户。 （ ）

12. 财务成果账户是用来计算并反映一定期间企业全部经营业务活动的最终成果，并

确定企业利润或亏损数额的账户。 （ ）

13. 费用类账户由于没有余额，不直接列入会计主体的资产负债表内，所以它属于表外账户。 （ ）

（四）实务训练

练习账户分类在制造企业主要经营过程中的运用。

1. 资料：广源工厂 2010 年 10 月末有关会计核算资料汇总列示如下：

（1）各项财产物资及货币资金的期末金额：

①库存现金	300 元
②银行存款	27 700 元
③库存材料	75 000 元
④库存燃料	8 000 元
⑤库存产品	4 500 元
⑥生产车间尚未完工产品	1 500 元
⑦厂房机器原价	150 000 元
⑧厂房机器等折旧	35 000 元

（2）所有者权益的期末余额：

①实收资本	205 000 元
②盈余公积	4 000 元

（3）结算往来款项的期末余额：

①银行短期欠款	13 000 元
②欠供应单位货款	7 100 元
③应收购置单位货款	2 000 元

（4）跨期摊配费用的期末余额：

①已预付尚未分配的费用	1 200 元
②已预提尚未支付的费用	1 100 元

（5）财务成果的期末余额：

①累计实现利润	40 000 元
②累计已分配利润	35 000 元

要求：指出所列资料的账户名称，并说明按经济内容和结构内容的分类，然后试算平衡。

2. 资料：某企业“固定资产”账户的期末余额为 460 000 元，“累计折旧”账户的期末余额为 90 000 元，“固定资产减值准备”账户的期末余额为 70 000 元。

要求：

（1）计算固定资产的账面价值。

（2）说明“固定资产”账户与“累计折旧”账户和“固定资产减值准备”账户之间

的关系。

四、参考答案

【练习题】

（一）单项选择题

1. A　2. C　3. B　4. D　5. B　6. A　7. D　8. C　9. B　10. C

（二）多项选择题

1. ABCD　2. AB　3. ABCD　4. ACD　5. AB

6. BC　7. AB　8. ABCD　9. BCD　10. ABC

（三）判断题

1.×　2.×　3.√　4.√　5.√　6.√　7. √　8.×　9.√　10. √　11. √　12. √　13. ×

（四）实务训练

1.

账户分类及期末余额试算平衡表

序号	账户名称	按经济内容分类	按用途结构分类	期末余额	
				借方	借方
1	库存现金	资产账户	盘存账户	300	
2	银行存款	资产账户	盘存账户	27 700	
3	应收账款	资产账户	结算账户	2 000	
4	原材料	资产账户	盘存账户	83 000	
5	库存商品	资产账户	盘存账户	4 500	
6	生产成本	成本（资产）账户	成本计算（盘存账户）	1 500	
7	待摊费用	资产账户	跨期摊配账户	1 200	
8	预提费用	负债账户	跨期摊配账户		1 100
9	固定资产	资产账户	盘存账户	150 000	
10	累计折旧	资产账户	调整账户		35 000
11	短期借款	负债账户	负债账户		13 000
12	应付账款	负债账户	结算账户		7 100
13	实收资本	所有者权益账户	资本账户		205 000
14	盈余公积	所有者权益账户	资本账户		4 000
15	本年利润	所有者权益账户	财务成果账户		40 000
16	利润分配	所有者权益账户	调整账户	35 000	
合计				305 200	305 200

2.（1）固定资产的账面价值=460 000−90 000−70 000=300 000（元）

（2）“累计折旧”账户和“固定资产减值准备”账户是“固定资产”账户的备抵账户。

第七章　会计凭证

一、学习概要

本章主要介绍了会计凭证的意义、会计凭证的种类、会计凭证的填制和审核、会计凭证的传递和保管等内容。

（1）会计凭证含义及作用。会计凭证是用来记录经济业务、明确经济责任的书面证明，是登记账簿的依据。填制和审核会计凭证是会计核算的专门方法之一，是整个会计核算的工作起点和基础。因此，做好会计凭证的填制和审核工作，是保证会计核算资料真实、可靠、正确和完整的关键。会计凭证按照填制程序和用途分类，可以分为原始凭证和记账凭证两类。

（2）原始凭证含义及效力。原始凭证又称原始单据，是指在经济业务发生或完成时取得或填制的，用以记录和证明经济业务发生或完成情况，明确经济责任的书面证明。原始凭证具有较强的法律效力，是编制记账凭证、组织会计核算的重要资料和依据。

（3）记账凭证含义及分类。记账凭证又称记账凭单，是由会计机构根据审核无误的原始凭证或原始凭证汇总表编制的，作为登记账簿直接依据的书面证明。具体分类见表7.1。

（4）会计凭证的填制和审核要求。无论是原始凭证，还是记账凭证，填制必须符合规定：记录真实、内容完整、填制及时、手续完备、书写规范。为了保证会计凭证的合法、合规、准确、完整，要求会计部门的经办人员必须严格进行审核。审核原始凭证有错误的应予以退回或拒绝接受；审核记账凭证有错误的应按照规定的方法予以更正。只有经过审核无误的记账凭证才能作为登记账簿的依据。会计凭证是重要的经济档案，其传递、保管和销毁必须符合国家的有关规定。

（5）填制和审核会计凭证是会计工作人员的基础工作。在实际工作中，会计人员必须按照规定要求，准确无误、熟练地进行会计凭证填写和审核。因此，本章通过列举大量会计实例让学生进行模拟会计凭证填制过程的训练和对填写内容准确性、合法性、合理性的审核。

表 7.1　原始凭证和记账凭证的分类

<table>
<tr><th></th><th>种类</th><th>分类标准</th><th colspan="2">类别</th></tr>
<tr><td rowspan="11">会计凭证
按照填制程序
和用途分类</td><td rowspan="5">原始凭证</td><td rowspan="2">来源渠道不同</td><td colspan="2">外来原始凭证，如：发货票</td></tr>
<tr><td colspan="2">自制原始凭证，如：领料单</td></tr>
<tr><td rowspan="3">格式不同</td><td colspan="2">一次原始凭证，如：火车票</td></tr>
<tr><td colspan="2">累计原始凭证，如：限额领料单</td></tr>
<tr><td colspan="2">汇总原始凭证，如：收料凭证汇总表</td></tr>
<tr><td rowspan="6">记账凭证</td><td rowspan="4">用途不同</td><td colspan="2">通用记账凭证</td></tr>
<tr><td rowspan="3">专用记账凭证</td><td>收款凭证</td></tr>
<tr><td>付款凭证</td></tr>
<tr><td>转账凭证</td></tr>
<tr><td rowspan="2">填制的方式不同</td><td colspan="2">单式记账凭证</td></tr>
<tr><td colspan="2">复式记账凭证</td></tr>
</table>

（6）会计凭证传递路线如图 7.1 所示。

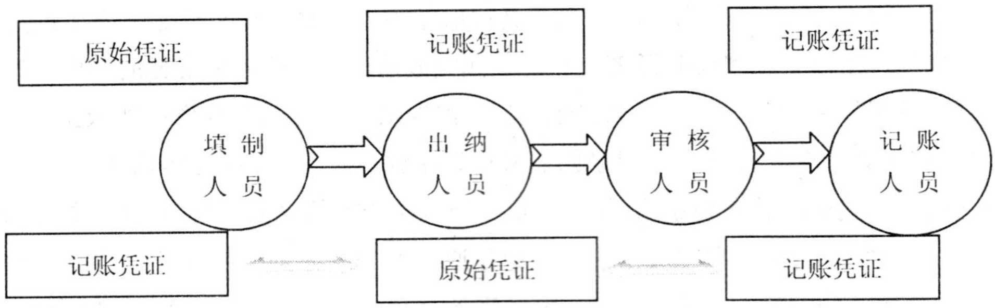

图 7.1　会计凭证传递路线

本章有关会计凭证的实务训练，是从会计实务角度出发，对企业单位日常发生的有关经济业务所涉及的原始凭证和记账凭证的填制和审核进行系统地演练。使实务操作者明确各种会计凭证填制和审核的基本技术、基本步骤和基本要求，以加深学生对所学过会计凭证的理论知识进行更深入的理解和掌握，提高学生的实际操作能力。

二、小知识

增值税专用发票代码的含义

增值税专用发票代码为10位阿拉伯数字，由左至右排列：第1~4位代表各地区代码；第5~6位代表制版年度（例如，2009年以09表示）；第7位代表批次（分别用1、2、3、4表示）；第8位代表版本的语言文字（分别用1——中文；2——中英文；3——藏汉文；4——维汉文表示）；第9位代表几联发票（分别用4、7表示四联或七联）；第10位代表发票的金额版本号（分别用1、2、3、4表示万元版、十万元版、百万元版、千万元版，用“0”表示电脑发票）。

增值税发票的联次

增值税专用发票是四联，包括存根联、发票联、记账联和抵扣联。增值税一般纳税人才开具。

增值税普通发票是三联，没有抵扣联，小规模纳税人使用。

三、练习题

（一）单项选择题

1. 记账簿的原始依据是（　）
   A. 原始凭证　B. 记账凭证
   C. 审核无误的外来凭证　D. 审核无误的记账凭证
2. 会计工作开始于（　）
   A. 填制和审核会计凭证　B. 制定财会规章制度
   C. 设置会计科目　D. 登记账簿
3. 审核会计凭证，可以更有效地发挥会计的（　）
   A. 反映作用　B. 监督作用
   C. 参与决策作用　D. 预测作用
4. 将会计凭证分为原始凭证和记账凭证的依据是（　）
   A. 填制的程序　B. 填制的用途
   C. 填制的内容　D. 填制的程序和用途
5. 白制原始凭证和外来原始凭证的分类标准是（　）
   A. 填制的程序和用途　B. 填制的内容和方法

C. 凭证的来源渠道　　D. 凭证的去向

6. 累计凭证属于　　(　　)

A. 记账凭证　　B. 转账凭证

C. 外来原始凭证　　D. 自制原始凭证

7. 领料汇总表属于　　(　　)

A. 一次凭证　　B. 汇总原始凭证

C. 累计凭证　　D. 单式凭证

8. 下列属于外来原始凭证的是　　(　　)

A. 入库单　　B. 发料汇总表

C. 银行收账通知单　　D. 出库单

9. 下列不属于会计凭证的是　　(　　)

A. 发货票　　B. 领料单

C. 购销合同　　D. 住宿费收据

10. 自制原始凭证按其填制手续不同可以分为　　(　　)

A. 一次凭证和汇总凭证　　B. 单式凭证和复式凭证

C. 收款凭证、付款凭证、转账凭证　　D. 一次凭证、累计凭证、汇总原始凭证

11. 原始凭证的基本内容中，不包括　　(　　)

A. 日期及编号　　B. 内容摘要

C. 实物数量及金额　　D. 会计科目

12. 外来原始凭证一般都是　　(　　)

A. 一次凭证　　B. 累计凭证

C. 汇总原始凭证　　D. 记账凭证

13. 原始凭证中小写金额是 1 001.50，大写金额中　　(　　)

A. 只写一个“零”字　　B. 一般写两个“零”字

C. 写三个“零”字　　D. 不写“零”字

14. 原始凭证是　　(　　)

A. 登记日记账的根据　　B. 编制记账凭证的根据

C. 编制科目汇总表的根据　　D. 编制汇总记账凭证的根据

15. 限额领料单是　　(　　)

A. 外来原始凭证　　B. 通用记账凭证

C. 累计凭证　　D. 记账编制凭证

16. 定期将记载同类经济业务的原始凭证全部汇总而另行编制的凭证是　　(　　)

A. 汇总原始凭证　　B. 通用记账凭证

C. 累计凭证　　D. 一次凭证

17. 将记账凭证分为收款凭证、付款凭证、转账凭证的依据是 ( )

A. 凭证填制的手续

B. 凭证的来源

C. 凭证所记录经济业务与货币资金收付有关

D. 所包括的会计科目是否单一

18. 收款凭证属于 ( )

A. 原始凭证 B. 通用记账凭证

C. 汇总记账凭证 D. 专用记账凭证

19. 付款凭证是根据 ( )

A. 现金或银行存款的业务的原始凭证填制的

B. 现金或银行存款的收款业务的原始凭证填制的

C. 现金或银行存款的付款业务的原始凭证填制的

D. 与现金和银行存款无关的转账业务的原始凭证填制的

20. 对于现金与银行存款之间的相互转划业务，应当编制 ( )

A. 一张付款凭证 B. 一张收款凭证

C. 一张付款凭证和一张收款凭证 D. 一张转账凭证

21. 会计凭证登账后的整理、装订和归档存查称为 ( )

A. 会计凭证的传递 B. 会计凭证的保管

C. 会计凭证的编制 D. 会计凭证的销毁

22. 原始凭证和记账凭证的相同点是 ( )

A. 反映经济业务的内容相同 B. 编制的时间相同

C. 所起作用相同 D. 经济责任的当事人相同

23. 下列业务应编制转账凭证的是 ( )

A. 支付购买材料的价款 B. 支付材料运杂费

C. 收回出售材料款 D. 车间领用材料

24. 实际工作中，会计分录是填制在 ( )

A. 原始凭证中 B. 一次凭证中

C. 外来凭证中 D. 记账凭证中

（二）多项选择题

1. 企业购入材料一批，货款已支付，材料已验收入库，则应编制的会计凭证有( )

A. 收料单 B. 转账凭证

C. 收款凭证 D. 付款凭证

2. 下列凭证中属于自制原始凭证的是 ( )

A. 限额领料单　　B. 差旅费报销单

C. 制造费用分配表　　D. 发料凭证汇总表

E. 收款凭证

3. 下列凭证中，属于一次凭证的原始凭证的是　　(　　)

A. 借项记账凭证　　B. 限额领料单

C. 收料单　　D. 领料单

E. 报销凭证

4. “收料凭证汇总表”属于　　(　　)

A. 记账凭证　　B. 自制原始凭证

C. 外来原始凭证　　D. 汇总原始凭证

5. 原始凭证的凭证要素包括　　(　　)

A. 凭证名称　　B. 填制日期

C. 凭证编号　　D. 会计科目

E. 有关人员签章

6. 购买材料的“增值税专用发票”　　(　　)

A. 属于自制原始凭证　　B. 属于外来原始凭证

C. 是由单位自行印制的　　D. 是由税务部门统一印制的

E. 必须有开票单位盖章才有效

7. 审核原始凭证的主要内容是　　(　　)

A. 审核经济业务是否合理、合法　　B. 审核凭证的填制是否符合要求

C. 审核各个项目是否填列完整　　D. 审核各个项目是否填写正确

E. 审核会计科目是否正确

8. 下列属于原始凭证的有　　(　　)

A. 发出的材料汇总表　　B. 汇总收款凭证

C. 购料合同　　D. 限额领料单

E. 收料单

9. 下列属于汇总原始凭证的有　　(　　)

A. 发料汇总表　　B. 差旅费报销单

C. 限额领料单　　D. 工资结算汇总表

10. 以下不能作为原始凭证的是　　(　　)

A. 购货合同　　B. 车间派工单

C. 材料请购单　　D. 产品成本计算表

11. 记账凭证审核的主要内容是　　(　　)

A. 与原始凭证的一致性　　B. 会计科目、借贷方向、应记金额的正确性

C. 项目填写是否齐全　　D. 大小写金额的正确性

E. 经济业务的合理、合法性

12. 记账凭证的基本内容包括 (　　)

A. 凭证的名称和填制单位名称　　B. 凭证编号和填制日期

C. 会计科目名称、记账方向和金额　　D. 经济业务发生的时间、地点及内容

E. 所附原始凭证的张数及有关人员签章

13. 填制记账凭证的依据是 (　　)

A. 一次凭证　　B. 累计凭证

C. 汇总原始凭证　　D. 转账凭证

14. 转账凭证属于 (　　)

A. 记账凭证　　B. 专用记账凭证

C. 汇总原始凭证　　D. 会计凭证

15. 下列科目中可能成为付款凭证借方科目的有 (　　)

A. 库存现金　　B. 银行存款

C. 应付账款　　D. 销售费用

16. 涉及现金与银行存款相互划转的业务应编制的记账凭证有 (　　)

A. 现金收款凭证　　B. 现金付款凭证

C. 银行存款收款凭证　　D. 银行存款付款凭证

E. 转账凭证

17. 会计档案的保管期限包括 (　　)

A. 原始凭证保管 15 年　　B. 记账凭证保管 15 年

C. 汇总凭证保管 15 年　　D. 其中涉外会计凭证永久保管

E. 银行存款余额调节表保管 3 年

18. 企业接受某投资者投资，其中银行存款 200 000 元，固定资产 100 000 元，该企业应编制 (　　)

A. 付款凭证一张　　B. 转账凭证一张

C. 收款凭证一张　　D. 累计凭证一张

（三）判断题

1. 发票可以作为编制记账凭证的依据。 (　　)

2. 差旅费报销单属于自制原始凭证。 (　　)

3. 记账凭证是编制会计报表的直接依据。 (　　)

4. 转账支票存根属于记账凭证。 (　　)

5. 用现金支票支付货款，应填制现金付款凭证。 (　　)

6. 企业销售产品一批，货已发出，货款尚未收到，会计人员应根据此笔经济业务编制转账凭证。 （　）

7. 记账凭证应在一个月内连续编号，以便核查。 （　）

8. 企业财会部门取得原始凭证后就可以编制记账凭证。 （　）

9. 销售产品一批，货款金额共计壹拾壹万捌仟零壹元整，在填写发票小写金额时应写为￥118 001.00 元。 （　）

10. 一次凭证只能反映一项经济业务，累计凭证则可以反映若干项经济业务。 （　）

11. 用转账支票支付以前所欠货款，应填制转账凭证。 （　）

12. 各种记账凭证都只能根据一张原始凭证逐一编制。 （　）

13. 限额领料单属于一次凭证。 （　）

14. 外来原始凭证一般都是一次凭证。 （　）

（四）实务训练

1. 模拟企业基本情况

企业名称：黑龙江远大股份有限公司

注册资本：1 000 万元

公司地址：哈尔滨市南岗区通达街 99 号

营业执照：020886365

法人代表：王永刚

税务登记号：230103789102605

电话：0451-86266566

开户银行：工商银行黑龙江分行通达分理处

基本账号：035-1010-8212008

2. 公司主要部门负责人

董事长：王永刚

总经理：刘华强

办公室主任：田华

生产部部长：张勇

人力资源部部长：李伟

财务部部长：刘丽

采购部部长：王杰

销售部部长：王丽

3. 财务部主要人员

会计主管：宋明轩

会计：陈小红

会计：赵丽

出纳：张一平

复核：孙思佳

4. 实训操作资料

黑龙江远大股份有限公司设有一个基本生产车间，主要生产 A、B 两种产品；设有两个辅助生产车间：机修车间和供汽车间；会计核算形式采用科目汇总表核算。

该企业为增值税一般纳税人，增值税税率为 17%，所得税税率为 25%，按税后利润 10%提取法定盈余公积。原材料按实际成本核算，材料发出按月末一次加权平均法进行成本结转。

5. 该企业与其他往来单位的相关资料

（1）浙江伟达有限公司，增值税一般纳税人，增值税税率 17%。

纳税人识别号：330106749457731

开户银行：中国工商银行杭州城西支行

开户银行账号：005101040012644

公司地址：杭州市莫干山路 245 号

电话：0571-87643218

（2）北京市华光有限责任公司，增值税一般纳税人，增值税税率 17%。

纳税人识别号：110267369816000

开户银行：中国工商银行大望路办事处

开户银行账号：116600236924455

公司地址：北京市朝阳路 90 号

电话：010-61159900

（3）哈尔滨宏远商场，增值税一般纳税人，增值税税率 17%。

税务登记号：230103789111655

开户银行：建设银行黑龙江分行西大直街支行

银行账号：114-3810-2212008

公司地址：哈尔滨市南岗区西大直街 101 号

电话：0451-86350576

（4）天津万达有限公司，增值税一般纳税人，增值税税率 17%。

税务登记号：130229566985602

开户银行：交通银行育惠东路支行

银行账号：110-0180-00769692

公司地址：天津市河西区长江路 33 号

电话：022-81750576

6. 假定该公司 2010 年 12 月份发生以下主要经济业务。根据所发生的经济业务填制并审核原始凭证，编写记账凭证，登记“T”形账户并进行试算平衡。

（1）12 月 1 日远大公司销售给哈尔滨宏远商场 A 产品，数量 100 件，单价 300 元，价款 30 000 元；销售 B 产品 200 件，单价 400 元，价款 80 000 元。增值税税率为 17%，税额为 18 700 元，价税合计 128 700 元，开出增值税专用发票，款项尚未收回。商品已发出，A 产品单位成本 200 元，B 产品单位成本 300 元。

原始凭证：①增值税专用发票。（黑龙江远大股份有限公司 发票专用章）

②出库单。

1-1

101040209　黑龙江省增值税专用发票　№ 4005011

记账联　　开票日期：2010年12月1日

购货单位	名　称：哈尔滨宏远商场 纳税人识别号：230103789111… 地址、电话：哈尔滨市西大直街101号0451-86350576 开户行及账号：建行西大直街支行114-3810-2212008	密码区	

货物或应税劳务名称	规格型号	单位	数量	单价	金额	税率	税额
A产品		件	100	300.00	30 000.00	17%	5 100.00
B产品		件	200	400.00	80 000.00	17%	13 600.00
合　计					110 000.00		18 700.00
价税合计(大写)	※壹拾贰万捌仟柒佰元整				￥128,700.00		

销货单位	名　称：黑龙江远大股份有限公司 纳税人识别号：230103789102605 地址、电话：哈尔滨市通达街99号0451-86266566 开户行及账号：工行通达分理处035-1010-8212008	备注	

收款人　　复核：孙思佳　　开票人：陈小红　　销货单位：（章）

第四联　记账联

1-2

销售产品出库单

购货单位：哈尔滨宏远商场　　2010年12月1日　　编　号：1202

产品编号	产品名称	型号规格	单位	数量	单价	金额	备注
	A产品		件	100	200.00	20 000.00	
	B产品		件	200	300.00	60 000.00	
合计						80 000.00	
备　注			结算方式		运输方式	自提	

部长：王丽　　发货：田杨　　制单：马成

第三联　财务记账

记 账 凭 证

2010年12月1日　　　　字第1号

摘要	会计科目		记账	借方金额											记账	贷方金额										
	总账科目	明细科目	√	亿	千	百	十	万	千	百	十	元	角	分	√	亿	千	百	十	万	千	百	十	元	角	分
销售A、B产品	应收账款	宏远商场					1	2	8	7	0	0	0	0												
销售A、B产品	主营业务收入	A产品																		3	0	0	0	0	0	0
销售A、B产品	主营业务收入	B产品																		8	0	0	0	0	0	0
销售A、B产品	应交税费	应交增值税(销项税额)																		1	8	7	0	0	0	0
合计						¥	1	2	8	7	0	0	0	0				¥	1	2	8	7	0	0	0	0

附单据1张

会计主管 宋明轩　　记账 赵丽　　出纳　　审核 孙思佳　　制单

记 账 凭 证

2010年12月1日　　　　字第2号

摘要	会计科目		记账	借方金额											记账	贷方金额										
	总账科目	明细科目	√	亿	千	百	十	万	千	百	十	元	角	分	√	亿	千	百	十	万	千	百	十	元	角	分
结转销售成本	主营业务成本	A产品						2	0	0	0	0	0	0												
结转销售成本	主营业务成本	B产品						6	0	0	0	0	0	0												
结转销售成本	库存商品	A产品																		2	0	0	0	0	0	0
结转销售成本	库存商品	B产品																		6	0	0	0	0	0	0
合计							¥	8	0	0	0	0	0	0					¥	8	0	0	0	0	0	0

附单据1张

会计主管 宋明轩　　记账 赵丽　　出纳　　审核 孙思佳　　制单

（2）12 月 5 日销售员赵林赴广州参加商品交易会，预借差旅费 5 500 元，用现金支付。

原始凭证：一张借据。

2-1

借　款　单

哈财会账证49号

2010年12月 5 日　　　　第12 号

<table>
<tr><td rowspan="2">借款部门</td><td rowspan="2">销售部</td><td rowspan="2">姓名</td><td rowspan="2">赵林</td><td rowspan="2">级别</td><td rowspan="2">销售员</td><td>出差地点</td><td colspan="8">广州</td></tr>
<tr><td>预计天数</td><td colspan="8">8天</td></tr>
<tr><td rowspan="3">借款事由</td><td colspan="4" rowspan="3">借差旅费（去广州开商品展销会）</td><td rowspan="2">借款金额</td><td>万</td><td>千</td><td>百</td><td>十</td><td>元</td><td>角</td><td>分</td><td>记　账</td></tr>
<tr><td>¥</td><td>5</td><td>5</td><td>0</td><td>0</td><td>0</td><td>0</td><td></td></tr>
<tr><td>大写金额</td><td colspan="8">人民币</td></tr>
<tr><td colspan="2">单位领导或授权人批示</td><td colspan="2">部门负责人签章</td><td colspan="2">借款人签章</td><td>财会部门审　核</td><td colspan="8" rowspan="2"></td></tr>
<tr><td colspan="2">刘华强</td><td colspan="2">王丽</td><td colspan="2">赵林</td><td>孙思佳</td></tr>
</table>

第三联　借款记账凭证

记　账　凭　证

年　月　日　　　　字第　　号

<table>
<tr><td rowspan="2">摘　要</td><td colspan="2">会计科目</td><td>记账</td><td colspan="10">借方金额</td><td>记账</td><td colspan="10">贷方金额</td></tr>
<tr><td>总账科目</td><td>明细科目</td><td>√</td><td>亿</td><td>千</td><td>百</td><td>十</td><td>万</td><td>千</td><td>百</td><td>十</td><td>元</td><td>角</td><td>分</td><td>√</td><td>亿</td><td>千</td><td>百</td><td>十</td><td>万</td><td>千</td><td>百</td><td>十</td><td>元</td><td>角</td><td>分</td></tr>
<tr><td></td><td></td><td></td><td></td><td></td><td></td><td></td><td></td><td></td><td></td><td></td><td></td><td></td><td></td><td></td><td></td><td></td><td></td><td></td><td></td><td></td><td></td><td></td><td></td><td></td><td></td></tr>
<tr><td></td><td></td><td></td><td></td><td></td><td></td><td></td><td></td><td></td><td></td><td></td><td></td><td></td><td></td><td></td><td></td><td></td><td></td><td></td><td></td><td></td><td></td><td></td><td></td><td></td><td></td></tr>
<tr><td></td><td></td><td></td><td></td><td></td><td></td><td></td><td></td><td></td><td></td><td></td><td></td><td></td><td></td><td></td><td></td><td></td><td></td><td></td><td></td><td></td><td></td><td></td><td></td><td></td><td></td></tr>
<tr><td></td><td></td><td></td><td></td><td></td><td></td><td></td><td></td><td></td><td></td><td></td><td></td><td></td><td></td><td></td><td></td><td></td><td></td><td></td><td></td><td></td><td></td><td></td><td></td><td></td><td></td></tr>
<tr><td></td><td></td><td></td><td></td><td></td><td></td><td></td><td></td><td></td><td></td><td></td><td></td><td></td><td></td><td></td><td></td><td></td><td></td><td></td><td></td><td></td><td></td><td></td><td></td><td></td><td></td></tr>
<tr><td></td><td></td><td></td><td></td><td></td><td></td><td></td><td></td><td></td><td></td><td></td><td></td><td></td><td></td><td></td><td></td><td></td><td></td><td></td><td></td><td></td><td></td><td></td><td></td><td></td><td></td></tr>
<tr><td colspan="3">合　　计</td><td></td><td></td><td></td><td></td><td></td><td></td><td></td><td></td><td></td><td></td><td></td><td></td><td></td><td></td><td></td><td></td><td></td><td></td><td></td><td></td><td></td><td></td><td></td></tr>
</table>

附单据　　张

会计主管　　记账　　出纳　　审核　　制单

（3）12 月 6 日公司用现金购买办公用品 694 元，全部由公司行政管理部门领用。

原始凭证：①商业零售发票。

②领用表。

3-1

黑龙江商业零售发票

发票代码 123000821313

发票号码 05797002

全国统一发票专用章 黑龙江省 国家税务局监制

2010年12月6日

第二联 报销凭证

购货单位	名称	黑龙江远大股份有限公司						
	税务登记代码	230103789102605						
货物或应税劳务名称	单位	数量	单价	金额				
				百	十	元	角	分
工作手册	本	20	1.00		2	0	0	0
碳素笔	支	30	0.80		2	4	0	0
稿纸	本	25	1.00		2	5	0	0
计算器	个	5	125.00	6	2	5	0	0
合计				6	9	4	0	0
合计(大写)：陆佰玖拾肆元整								
销货单位	名称	哈尔滨文教用品商店						
	税务登记代码	230103968102306						

壹佰 贰佰 叁佰 肆佰 伍佰 陆佰

零 壹拾元 贰拾元 叁拾元 肆拾元 伍拾元 陆拾元 柒拾元 捌拾元 玖拾元

零 壹元 贰元 叁元 肆元

哈尔滨文教用品商店 230103968102306 发票专用章

开票单位（未盖章无效） 收款人：李一 开票人：王乐

3-2

黑龙江远大股份有限公司办公用品领用表

2010 年 12 月 6 日

办公用品名称	领用部门	领用数量	单价	金额
工作手册	行政管理部门	20	1.00	20.00
碳素笔	行政管理部门	30	0.80	24.00
稿纸	行政管理部门	25	1.00	25.00
计算器	行政管理部门	5	125.00	625.00
合计				￥

编表人：陈小红　　经办人：×××

记 账 凭 证

年 月 日 字第 号

摘要	会计科目		记账	借方金额											记账	贷方金额										
	总账科目	明细科目	√	亿	千	百	十	万	千	百	十	元	角	分	√	亿	千	百	十	万	千	百	十	元	角	分
合 计																										

附单据 张

会计主管 记账 出纳 审核 制单

（4）12 月 7 日公司从银行提取现金 3 500 元，以备日常零星支出。

原始凭证：一张现金支票(企业留有存根)

4-1

中国工商银行

现金支票存根

ⅣⅢ32190879

科 目 银行存款

对方科目 库存现金

出票日期 2010 年 12 月 7 日

收款人：远大股份公司	
金 额：￥3 500	
用 途：备用金	

单位主管 会计

中国工商银行 **现金支票** Ⅳ Ⅲ32190879

出票日期（大写）贰零壹零年壹拾贰月零柒日 付款行名称：工行通达分理处

收款人：黑龙江远大股份有限公司 出票人账号：035-1010-8212008

本支票	人民币（大写）	叁仟伍佰元整	百	十	万	千	百	十	元	角	分
					￥	3	5	0	0	0	0

付款期限十天

用途 备用金

上列款项请从

我账户内支付

出票人签章：

科目(借) ________

对方科目(贷) ________

付讫日期 年 月 日

须填密码

出纳 复核 记账

贴对号单处

记账凭证

年 月 日　　　　　　　　　　　　　　　字第　　号

摘要	会计科目		记账	借方金额											记账	贷方金额										
	总账科目	明细科目	✓	亿	千	百	十	万	千	百	十	元	角	分	✓	亿	千	百	十	万	千	百	十	元	角	分
合　计																										

附单据　　张

会计主管　　　记账　　　出纳　　　审核　　　制单

（5）12 月 7 日职工李好交来现金用于偿还前欠借款 1 000 元。

原始凭证：一张收据。(黑龙江远大股份有限公司 现金收讫)

5-1

收　据

入账日期 2010 年 12 月 7 日

交款单位＿＿＿＿＿＿收款方式 现金

人民币(大写) 壹仟元整　　　　　　　　￥ 1 000.00

收款事由 归还前欠借款

黑龙江远大股份有限公司 2010.12.7 现金收讫

2010年 12 月 7 日

第三联 收款单位

财会主管 宋明轩　　记账 赵丽　　出纳 张一平　　审核 孙思佳

记 账 凭 证

年 月 日 　　　　　　字第 号

摘要	会计科目		记账	借方金额											记账	贷方金额										
	总账科目	明细科目	√	亿	千	百	十	万	千	百	十	元	角	分	√	亿	千	百	十	万	千	百	十	元	角	分
合计																										

附单据 张

会计主管 　　记账 　　出纳 　　审核 　　制单

（6）12 月 10 日公司开出转账支票 20 000 元，支付哈尔滨创维广告有限公司广告费用。

原始凭证：①哈尔滨创维广告公司 发票专用章。

②支票存根。

6-1

黑龙江省服务业统一发票

全国统一发票专用章 黑龙江省地方税务局

发票代码253000711012

客户名称：黑龙江远大股份有限公司 　　20■■年12月10日 　　发票号码05817035

项目	摘要	单位	数量	单价	金额
广告费					20 000.00
合计(大写)					￥20 000.00

第二联 报销凭证

收款：杜军胜 　　经办：刘正文 　　收款单位（盖章）

哈尔滨创维广告有限公司 发票专用章

中国工商银行

转账支票存根

X VI 274642

科　　目 银行存款______

对方科目 销售费用______

出票日期 2010年12月10日

收款人：哈创维广告	
金　额：¥	
用　途：	

单位主管宋明轩 会计赵丽

记 账 凭 证

年 月 日　　　　字第 号

摘要	会计科目		记账	借方金额											记账	贷方金额										
	总账科目	明细科目	√	亿	千	百	十	万	千	百	十	元	角	分	√	亿	千	百	十	万	千	百	十	元	角	分
合计																										

附单据 张

会计主管　　记账　　出纳　　审核　　制单

（7）12 月 11 日远大股份有限公司用银行存款支付市环保局罚款 20 000 元。

原始凭证:①行政事业统一收费收据。（哈尔滨市环保局 发票专用章）

②支票存根。（哈尔滨远大股份有限公司 转账付讫）

7-1

黑龙江省行政事业统一收费收据

发票代码 223000711001

客户名称：黑龙江远大股份有限公司　　2010年12月11日　　发票号码 00017021

收费项目名称		收费标准	金额								第二联 报销凭证
			十	万	千	百	十	元	角	分	
合计											
合计(大写)	※贰万元整	(小写)￥20 000.00									

收款盖章：　　开票人：李明　　收款人：李红

中国工商银行

转账支票存根

X VI 274643

科　　目 银行存款

对方科目 营业外支出

出票日期 2010年12月11日

收款人：哈市环保局	
金　额：￥20 000.00	
用　途：罚款支出	

单位主管　　会计

记 账 凭 证

年 月 日 字第 号

摘要	会计科目		记账	借方金额											记账	贷方金额										
	总账科目	明细科目	✓	亿	千	百	十	万	千	百	十	元	角	分	✓	亿	千	百	十	万	千	百	十	元	角	分
合 计																										

附单据 张

会计主管 记账 出纳 审核 制单

（8）12 月 12 日远大股份公司从北京华光公司购入甲材料 100 千克，单价 100 元；乙材料 200 千克，单价 200 元，增值税税率 17%，货款和税款尚未支付，材料尚未入库。

原始凭证：增值税专用发票（发票联和抵扣联）。

8-1

121040215 **北京市增值税专用发票** № 23465312

全国统一发票监制章 北京市 国家税务局监制

发票联

开票日期： 2010年12月12日

购货单位	名　　称：	密码区	
	纳税人识别号：		
	地址、电话： 哈尔滨市通达街99号0451-86266566		
	开户行及账号：工行通达分理处035-1010-8212008		

货物或应税劳务名称	规格型号	单位	数量	单价	金额	税率	税额
甲材料		千克	100	100.00	10 000.00	17%	1 700.00
乙材料		千克	200	200.00	40 000.00	17%	6 800.00
合　计					50 000.00		8 500.00
价税合计(大写)	※					（小写）	¥58 500.00

销货单位	名　　称：	备注	北京市华光有限责任公司 110267369816000 发票专用章
	纳税人识别号：110267369816000		
	地址、电话： 北京市朝阳路90号010-61159900		
	开户行及账号：工行大望路办事处116600236924455		

收款人： 复核：李莎 开票人：张红 销货单位：（章）

记 账 凭 证

年 月 日　　　　　　字第　　号

摘要	会计科目		记账	借方金额											记账	贷方金额										
	总账科目	明细科目	√	亿	千	百	十	万	千	百	十	元	角	分	√	亿	千	百	十	万	千	百	十	元	角	分
合　计																										

附单据　张

会计主管　　记账　　出纳　　审核　　制单

（9）12 月 13 日公司用银行存款支付购买上述材料运杂费用共计 3 000 元，材料运达到企业并验收入库。

原始凭证：①运输发票。

②转账支票存根。

③采购费用分配表。

④材料入库单。

9-1

公路、内河货物运输业统一发票

全国统一发票专用章 北京市 地方税务局监制 发票联

发票代码　443000711001

发票号码　00017025

开票日期：2010年12月13日

机打代码	223000711001	密码区	D3F029407D68DC16
机打号码	211000512240		
机器编号	00784700		
收货人及纳税人识别号	黑龙江远大股份有限公司 230103789102605	承运人及纳税人识别号	北京通达运输有限公司 110229783248626000
发货人及纳税人识别号	北京华光有限公司 11026736981600	主管税务机关代码	北京市延庆地方税务局 2110229
运输项目及金额	货物名称：甲、乙材料；数量：3 000；运价：0.90；里程：1 000；金额：2 700.00	其他项目及金额	项目：装卸费；金额：300.00；备注：
运费小计	￥2 700.00	其他费用小计	￥300.00
合计(大写)	叁仟元整	(小写)	￥3 000.00

第二联 发票联

北京通达运输有限公司 110229783248626000 发票专用章

承运人盖章：　　　　开票人：李明

9-2

中国工商银行

转账支票存根

X VI 274641

科 目 银行存款

对方科目 在途物资

出票日期 2010年12月13日

收款人：北京通达公司
金 额：￥3 000.00
用 途：支付运杂费

单位主管 会计赵丽

9-3

材料采购运杂费用分配表

2010 年 12 月 13 日

发货单位	北京市华光有限责任公司			
材料名称	分配标准（千克）	分配率	分配金额	备注
甲材料	100		1 000.00	
乙材料	200		2 000.00	
合计	3 000	10	3 000.00	

供销主管：王杰 验收主管：张一 采购：刘贵 制单：李鑫

记 账 凭 证

年 月 日　　　　　　　　　　字第　　号

摘 要	会计科目		记账	借方金额											记账	贷方金额										
	总账科目	明细科目	√	亿	千	百	十	万	千	百	十	元	角	分	√	亿	千	百	十	万	千	百	十	元	角	分
合 计																										

附单据　　张

会计主管　　　记账　　　出纳　　　审核　　　制单

9-4

材料验收入库单

验收日期：2010年 12 月 13 日

品名	规格	单位	数量		实际价格				计划价格	
			来料数	实际数	单价	总价	运杂费	合计	单价	总价
甲材料		千克	100	100	100.00	10 000.00	1 000.00	11 000.00		
乙材料		千克	200	200	200.00	40 000.00	2 000.00	42 000.00		
合计						50 000.00	3 000.00	53 000.00		
备注										

第三联　会计记账联

供销主管：王杰　　　验收主管：张一　　　采购：刘贵

记　账　凭　证

年　月　日　　　　　　　　　　　　　　　　　　　　字第　　号

摘　要	会计科目		记账	借方金额											记账	贷方金额										
	总账科目	明细科目	√	亿	千	百	十	万	千	百	十	元	角	分	√	亿	千	百	十	万	千	百	十	元	角	分
合　　　计																										

附单据　张

会计主管　　　　记账　　　　出纳　　　　审核　　　　制单

（10）12 月 15 日销售员赵林出差归来，报销差旅费 5 130 元，填制差旅费报销单一张，归返现金 370 元，开出收据一张。

原始凭证：①差旅费报销单。(已核销)

②一张收据。

10-1

预领款	5 500.00
补领或缴还	370.00

差旅费报销单

2010年 12月 15日

部门	采购部	姓名		赵林	出差事由	参加商品展销会			
出差起止日期	自2010年12月5日至2010年12月12日止共计8天						附单据　10　张		
起讫时间	起讫地点	飞机、车、船费		住宿费	出差补贴	市内交通费	其他费用		合计
		名称	金额				名称	金额	
12.5	哈尔滨至广州		1 900.00	800.00	160.00	80.00		290.00	3 230.00
12.12	广州至哈尔滨		1 900.00						1 900.00
合　计			3 800.00	800.00	160.00	80.00		290.00	5 130.00
合计金额（大写）伍仟壹佰叁拾元整								￥5 130.00	

已核销

单位主管　宋明轩　　　　复核　孙思佳　　　　出差人　赵林

10-2

收　　据

入帐日期　2010　年　12　月　15　日

收款单位　赵林　　　　收款方式　现金

人民币(大写)叁佰柒拾元整　　　￥370.00

收款事由　出差结余

黑龙江远大股份有限公司财务专用章

财会主管　宋明轩　　记账　赵丽　　出纳　张一平　　审核　孙思佳

10-3

借　款　单

哈财会账证49号

2010年12月 5日　　　　第3号

借款部门	采购部	姓名	赵林	级别	采购员	出差地点	广州
						预计天数	8天
借款事由	借差旅费			借款金额		万 千 百 十 元 角 分	记　账
						￥ 5 5 0 0 0 0	
				大写金额		人民币伍仟伍佰元整	
收款部门	（原借款已报销结算完了并已收账）					报销金额	￥
公　章						结余金额	￥
会计主管 宋明轩	审核 孙思佳		经办人 张一平			超支金额	

已　核　销

第二联　会计处结转账凭证

记 账 凭 证

年 月 日　　　　字第　　号

摘　要	会计科目		记账	借方金额											记账	贷方金额										
	总账科目	明细科目	√	亿	千	百	十	万	千	百	十	元	角	分	√	亿	千	百	十	万	千	百	十	元	角	分
合　　计																										

附单据　张

会计主管　　记账　　出纳　　审核　　制单

（11）12 月 16 日公司用银行存款支付中华咨询公司咨询费 500 元。

原始凭证：①服务行业专用发票。（哈尔滨市中华咨询公司发票专用章）

②转账支票存根。（黑龙江远大股份有限公司转账付讫）

11-1

黑龙江省服务业统一发票

发票联　　　　发票代码253000711010

全国统一发票专用章 黑龙江省 地方税务局

客户名称：黑龙江远大股份有限公司　　2010年12月16日　　发票号码05817039

项　　目	摘　　要	金额
咨询费		500.00
合计人民币（大写）伍佰元整		金额（小写）500.00

中华咨询公司 发票专用章

第二联 报销凭证

收款：杜军　　经办：刘文　　收款单位（盖章）

11-2

中国工商银行

转账支票存根

X Ⅵ 274648

科　　目 银行存款

对方科目 管理费用

出票日期 2010年12月16日

收款人：哈中华咨询公司
金　额：￥500.00
用　途：咨询费

单位主管　　　会计赵丽

记　账　凭　证

年　月　日　　　　　　　　　　　字第　　号

摘要	会计科目		记账	借方金额											记账	贷方金额										
	总账科目	明细科目	√	亿	千	百	十	万	千	百	十	元	角	分	√	亿	千	百	十	万	千	百	十	元	角	分
合　　计																										

附单据　张

会计主管　　　记账　　　出纳　　　审核　　　制单

（12）12 月 17 日收到宏远商场转账支票一张，用以偿还所欠货款 128 700 元，款项存入银行。

原始凭证：一张工商银行进账单。

12-1

中国工商银行 进账单（收账通知）

2010年 12 月 17 日

出票人	全称		收款人	全称													此联是收款人的收账通知
	账号	114-3810-2212008		账号	035-1010-8212008												
	开户银行	建设银行黑龙江分行西大直街支行		开户银行	工行通达分理处												
金额	人民币（大写）	壹拾贰万捌仟柒佰元整			亿	千	百	十	万	千	百	十	元	角	分		
							¥	1	2	8	7	0	0	0	0		
票据种类	转账支票	票据张数	1张	中国工商银行股份有限公司哈尔滨 通达分理处 核算专用章													
票据号码				收款人开户银行签章													
复核		记账															

记 账 凭 证

年 月 日 字第 号

摘 要	会计科目		记账	借方金额											记账	贷方金额										
	总账科目	明细科目	√	亿	千	百	十	万	千	百	十	元	角	分	√	亿	千	百	十	万	千	百	十	元	角	分
合 计																										

附单据 张

会计主管 记账 出纳 审核 制单

（13）12 月 18 日公司报销业务招待费 1 000 元，款项用现金支付。

（13）12 月 18 日公司报销业务招待费 1 000 元，款项用现金支付。

原始凭证：①五张定额发票。

②一张报销单。

13-1

黑龙江省饮食业定额发票
HEILONGJIANG CATERING INDUS GENERAL INVOICE
发票联
INVOICE

哈尔滨市市区专用

发票代码：223010971116
INVOICE CODE
发票号码：84818344
INVOICE NUMBER
密 码 区 D　　S
PASSWORD AREA F　　P

贰佰元
TWO HUNDRED YUAN
¥200.00

哈尔滨天天美食城
2010.12.15
发票专用章

收款单位（盖章有效）　　开票日期　　年　月　日
PAYEE(SEAL)　　DATE ISSUED　　Y　M　D

黑龙江省饮食业定额发票
HEILONGJIANG CATERING INDUS GENERAL INVOICE
发票联
INVOICE

哈尔滨市市区专用

发票代码：223010971116
INVOICE CODE
发票号码：84818344
INVOICE NUMBER
密 码 区 D　　S
PASSWORD AREA F　　P

贰佰元
TWO HUNDRED YUAN
¥200.00

哈尔滨天天美食城
2010.12.15
发票专用章

收款单位（盖章有效）　　开票日期　　年　月　日
PAYEE(SEAL)　　DATE ISSUED　　Y　M　D

哈尔滨市市区专用

黑龙江省饮食业定额发票

HEILONGJIANG CATERING INDUGENERAL INVOICE

发票联

INVOICE

发票代码：2230109711116

INVOICE CODE

发票号码：84818344

INVOICE NUMBER

密　码　区 D

PASSWORD ARE/ F

P

贰　佰　元

TWO HUNDRED YUAN

¥200.00

收款单位（盖章有效）　　开票日期　　年　月　日

PAYEEISEALI　　DATE ISSUED　　Y　M　D

全国统一发票监制章 黑龙江省 地方税务局

哈尔滨天天美食城 2010.12.15 发票专用章

哈尔滨市市区专用

黑龙江省饮食业定额发票

HEILONGJIANG CATERING INDUGENERAL INVOICE

发票联

INVOICE

发票代码：2230109711116

INVOICE CODE

发票号码：84818344

INVOICE NUMBER

密　码　区 D

PASSWORD ARE/ F

P

贰　佰　元

TWO HUNDRED YUAN

¥200.00

收款单位（盖章有效）　　开票日期　　年　月　日

PAYEEISEALI　　DATE ISSUED　　Y　M　D

全国统一发票监制章 黑龙江省 地方税务局

哈尔滨天天美食城 2010.12.15 发票专用章

黑龙江省饮食业定额发票
HEILONGJIANG CATERING INDUSGENERAL INVOICE
发票联
INVOICE

哈尔滨市市区专用

发票代码：223010971116
INVOICE CODE
发票号码：84818344
INVOICE NUMBER
密　码　区 D S
PASSWORD ARE/ F P

贰佰元
TWO HUNDRED YUAN
￥200.00

收款单位（盖章有效）　开票日期　年　月　日
PAYEEISEALI　DATE ISSUEL　Y　M　D

哈尔滨天天美食城
2010.12.15
发票专用章

13-2

费用报销单

报销部门　　　2010 年　月　日　　　单据及附件共_____页

用　途	金额（元）	备注	
		领导审批	
合　计			
合计人民币（大写）　拾　万　仟　佰　拾　元　角		原借款：　元	应退余款：　元

背后可贴单据

会计主管：　复核：　出纳：　报销人：　领款人：

记 账 凭 证

年 月 日　　　　　　　　　　　　字第 号

摘要	会计科目		记账	借方金额											记账	贷方金额										
	总账科目	明细科目	√	亿	千	百	十	万	千	百	十	元	角	分	√	亿	千	百	十	万	千	百	十	元	角	分
合计																										

附单据 张

会计主管　　　　记账　　　　出纳　　　　审核　　　　制单

（14）12 月 19 日生产 A 产品领用甲材料 1 000 千克，单价 100 元；乙材料 1 000 千克，单价 200 元。

原始凭证：一张领料单。

14-1

领 料 单

领料部门：生产部门　　　　开票日期　2010年12月19日　　　　字第0846号

材料编号	材料名称	规格	单位	请领数量	实发数量	实际价格	
						单价	金额
11001	甲材料		千克	1 000	1 000	100.00	100 000.00
11002	乙材料		千克	1 000	1 000	200.00	200 000.00
合计	（大写）叁拾万元整				（小写）¥300 000.00		

用途	生产A产品	领料部门		发料部门	
		负责人	领料人	核准人	发料人
			王宏		赵亮

记 账 凭 证

年 月 日 字第 号

摘 要	会计科目		记账	借方金额											记账	贷方金额										
	总账科目	明细科目	√	亿	千	百	十	万	千	百	十	元	角	分	√	亿	千	百	十	万	千	百	十	元	角	分
合 计																										

附单据 张

会计主管 记账 出纳 审核 制单

（15）12 月 20 日从浙江伟达有限公司购入甲材料 200 千克，单价 200 元，材料已验收入库。款项用银行存款支付。

原始凭证：①增值税专用发票（发票联和抵扣联）。

②转账支票存根。

③入库单。

15-1

121040215 **浙江省增值税专用发票** № 23465312

全国统一发票监制章 发票联 浙江省 国家税务局监制

开票日期： 2010年12月20日

购货单位	名 称：黑龙江远大股份有限公司 纳税人识别号：23010378910[illegible]605 地 址、电 话：哈尔滨市通达街99号0451-86266566 开户行及账号：工行通达分理处035-1010-8212008				密码区		
货物或应税劳务名称	规格型号	单位	数量	单价	金额	税率	税额
甲材料		千克	200	200.00	40 000.00	17%	6 800.00
合 计					40 000.00		6 800.00
价税合计(大写)	※肆万陆仟捌佰元整				小写	￥46 800.00	
销货单位	名 称：浙江伟达有限公司 纳税人识别号：330106749457731 地 址、电 话：杭州市莫干山路245号0571-87643218 开户行及账号：工行杭州城西支行005101040013644				备注		

浙江伟达有限公司 330106749453371 发票专用章

第二联 发票联

15-2

中国工商银行

转账支票存根

X Ⅵ 274644

科　　目　银行存款______

对方科目　原材料________

出票日期　2010年12月20日

收款人：浙江伟达有限公司	
金　额：￥46 800.00	
用　途：支付货款	

单位主管　　　会计赵丽

15-3

材料验收入库单

验收日期：　2010年 12 月 20 日

品名	规格	单位	数量		实际价格				计划价格	
			来料数	实际数	单价	总价	运杂费	合计	单价	总价
甲材料		千克	200	200	200.00	40 000.00		40 000.00		
合计								40 000.00		
备注										

第三联　会计记账联

供销主管：王杰　　　　验收主管：张一　　　　采购：刘贵

记 账 凭 证

年 月 日　　　　字第　号

摘要	会计科目		记账	借方金额											记账	贷方金额										
	总账科目	明细科目	√	亿	千	百	十	万	千	百	十	元	角	分	√	亿	千	百	十	万	千	百	十	元	角	分
合计																										

附单据　张

会计主管　　记账　　出纳　　审核　　制单

（16）12 月 20 日公司销售部门领用甲材料 50 千克，单价 100 元；领用乙材料 50 千克，单价 200 元。

原始凭证：一张领料单。

16-1

领 料 单

领料部门：销售部门　　开票日期　2010年12月20日　　字第0846号

材料编号	材料名称	规格	单位	请领数量	实发数量	实际价格	
						单价	金额
11001	甲材料		千克	50	50	100.00	5 000.00
11002	乙材料		千克	50	50	200.00	10 000.00
合计		（大写）			（小写）¥		
用途	维修销售部	领料部门		发料部门			
		负责人	领料人	核准人	发料人		
			王铮		赵亮		

②仓库记账后转财务科

记　账　凭　证

年　月　日　　　　　　　　　　　　　　　　　　字第　　号

摘　要	会计科目		记账	借方金额											记账	贷方金额										
	总账科目	明细科目	✓	亿	千	百	十	万	千	百	十	元	角	分	✓	亿	千	百	十	万	千	百	十	元	角	分
合　　计																										

附单据　张

会计主管　　　　记账　　　　出纳　　　　审核　　　　制单

（17）12 月 20 日远大股份公司销售给天津万达有限公司 A 产品，数量 200 件，单价 300 元，价款 60 000 元；销售 B 产品 200 件，单价 400 元，价款 80 000 元。增值税税率为 17%，税额为 23 800 元，价税合计 163 800 元，开出增值税专用发票，收到一张三个月的商业承兑汇票。用银行存款支付代垫运费 1 000 元，商品已发出，A 产品单位成本 200 元，B 产品单位成本 300 元。

原始凭证：①增值税专用发票。（黑龙江远大股份有限公司 发票专用章）

②转账支票存根。

③商业承兑汇票一张。

④出库单。

17-1

101040209　　黑龙江省增值税专用发票　　№ 4005011

记账联

开票日期：　2010年12月20日

购货单位
名　　称：天津万达公司
纳税人识别号：130229566985602
地址、电话：天津市河西区长江路33号022-81750576
开户行及账号：交行育惠东路支行110-0180-00769692

密码区

货物或应税劳务名称	规格型号	单位	数量	单价	金额	税率	税额
A产品		件	200	300.00	60 000.00	17%	10 200.00
B产品		件	200	400.00	80 000.00	17%	13 600.00
合　计					¥140 000.00		¥23 800.00
价税合计(大写)	※壹拾陆万叁仟捌佰元整				小写	¥163 800.00	

销货单位
名　　称：黑龙江远大股份有限公司
纳税人识别号：230103789102605
地址、电话：哈尔滨市通达街99号0451-86266566
开户行及账号：工行通达分理处035-1010-8212008

备注

黑龙江远大股份有限公司
230103789102605
发票专用章

收款人：　　　　复核：孙思佳　　开票人：陈小红　　　　销货单位：（章）

17-2

中国工商银行

转账支票存根

X Ⅵ 274636

科　　目 银行存款

对方科目 应收票据

出票日期 2010年12月20日

收款人：香坊运输公司	
金　额：1 000.00	
用　途：代垫运费	

单位主管　　会计

17-3

商业承兑汇票　2　AB/01　1760247

出票日期（大写） 贰零壹零年壹拾贰月贰拾贰日

付款人	全称	天津万达有限公司	收款人	全称	黑龙江远大股份有限公司
	账号	110-0180-00769692		账号	035-1010-8212008
	开户银行	交通银行育惠东路支行		开户银行	工行通达分理处
出票金额	人民币（大写） 壹拾陆万肆仟捌佰元整		亿千百十万千百十元角分		￥16480000
汇票到期日（大写）	贰零壹壹年叁月贰拾贰日		付款人开户行	行号	3378953
交易合同号码				地址	天津市河西区长江路33号
本汇票已经承兑，到期无条件支付票款。 承兑人签章 承兑日期：2010年 12 月 22 日			本汇票请予以承兑于到期日付款。 佳木斯恒立有限公司财务专用章　杨再生印 出票人签章		

此联持票人开户行随托收凭证寄付款人开户行作借方凭证附件

记账凭证

年 月 日 字第 号

摘要	会计科目		记账	借方金额											记账	贷方金额										
	总账科目	明细科目	√	亿	千	百	十	万	千	百	十	元	角	分	√	亿	千	百	十	万	千	百	十	元	角	分
合计																										

附单据 张

会计主管 记账 出纳 审核 制单

17-4

销售产品出库单

购货单位：哈尔滨宏远商场 2010年12月22日 编 号：1222

产品编号	产品名称	型号规格	单位	数量	单价	金额	备注
	A产品		件	200	200.00	40 000.00	
	B产品		件	200	300.00	60 000.00	
合计						100 000.00	
备注				结算方式	商业汇票	运输方式	托运

第三联 财务记账

部长：王丽 发货：田杨 制单：马成

记 账 凭 证

年 月 日　　　　字第　号

摘要	会计科目		记账	借方金额											记账	贷方金额										
	总账科目	明细科目	√	亿	千	百	十	万	千	百	十	元	角	分	√	亿	千	百	十	万	千	百	十	元	角	分
合　计																										

附单据　张

会计主管　　记账　　出纳　　审核　　制单

（18）12 月 22 日公司收到天津万达公司投资 800 000 元，存入银行。其中，200 000 元为注册资本。

原始凭证：①进账单。

②收据。

18-1

中国工商银行 进账单（收账通知）

2010年 12 月 22日

付款人	全称		收款人	全称	黑龙江远大股份有限公司
	账号			账号	035-1010-8212008
	开户银行			开户银行	工商银行黑龙江分行通达分理处
金额	人民币（大写）	捌拾万元整		亿 千 百 十 万 千 百 十 元 角 分	¥ 8 0 0 0 0 0 0 0
票据种类	转账支票	票据张数	1张		
票据号码				收款人开户银行签章	
复核	记账				

中国工商银行股份有限公司哈尔滨通达分理处 核算专用章 (01)

此联是收款人的收账通知

18-2

接受投资收据

2010年12月22日　　　　第5号

投资单位：天津万达有限责任公司			投资日期：2010年12月22日		
投资项目（名称）	币别	金额	评估价值	投资期限	备注
货币资金	人民币	800 000.00			其中200 000元为注册资本
金额合计（大写）捌拾万元整				￥800 000.00	

接受单位：黑龙江远大股份有限公司　　负责人：刘丽　　制单：陈小红

现金收讫 2010.12.22

记账凭证

年　月　日　　　　字第　号

摘要	会计科目		记账	借方金额										记账	贷方金额									
	总账科目	明细科目	√	亿	千	百	十	万	千	百	十	元	角分	√	亿	千	百	十	万	千	百	十	元	角分
合计																								

附单据　张

会计主管　　记账　　出纳　　审核　　制单

（19）12月25日公司从银行取得借款1 000 000元，期限6个月，年利率8%。

原始凭证：①短期借款申请书。

②贷款凭证。

19-1

短期借款申请书

2010年12月25日

企业名称	黑龙江远大股份有限公司	法人代表	王永刚	企业性质	股份有限公司
地址	哈尔滨市通达街99号	财务负责人	刘丽	联系电话	0451—86266566
经营范围	生产及销售A、B两种产品	主管部门			
借款期限	自2010年12月25日至2011年6月24日			申请金额	1 000 000.00
主要用途及效益说明：					
本公司近半年来，生产情况很好，产品销售情况有所好转，但由于回收货款较困难，特申请短期贷款。					
申请单位财务章：黑龙江远大股份有限公司财务专用章 财务部门负责人：刘丽之印　经办人：赵丽			信贷员意见： 行主管领导：张丰　信贷部门负责人：李军		

19-2

贷款凭证 3（收账通知）

2010年12月25日

总字第8010号
字第120号

贷款单位名称	黑龙江远大股份有限公司	种类	流动资金贷款	贷款户账号	035-1010-8212008											
金额	人民币（大写）：壹佰万元整				千	百	十	万	千	百	十	元	角	分		
					¥	1	0	0	0	0	0	0	0	0		
用途	生产周转	申请单位期限	自2010年12月25日至2011年6月25日止		利率	8.00%										
		银行核定期限	自2010年12月25日至2011年6月25日止													
上列贷款已核准发放 流动资金 贷款 并已转收你单位 通达分理处 账号035-1010-8212008 中国工商银行股份有限公司哈尔滨通达分理处 核算专用章 (01) 银行签章 2010年12月25日				单位会计分录 收入 付出 复核　记账 主管　会计												

记 账 凭 证

年 月 日　　　　　　　　　　字第 号

摘要	会计科目		记账	借方金额											记账	贷方金额										
	总账科目	明细科目	√	亿	千	百	十	万	千	百	十	元	角	分	√	亿	千	百	十	万	千	百	十	元	角	分
合计																										

附单据 张

会计主管　　记账　　出纳　　审核　　制单

（20）12 月 31 日分配工资如下表，其中，生产工人工资总额 150 000 元，按生产工时比例分配生产工人工资（A 产品生产工时为 50 000 工时，B 产品生产工时为 25 000 工时）；按工资总额 14%计提福利费；按工资总额 2%提取工会经费；按工资总额 1.5%提取教育经费。

原始凭证：①工资费用分配汇总表。

②计提福利费分配汇总表。

③计提工会经费分配汇总表。

④计提教育经费分配汇总表。

20-1

工资费用分配汇总表

2010 年 12 月 31 日

产品、车间和部门	生产耗用工时	分配率	应分配金额
A 产品生产工人			
B 产品生产工人			
生产车间一般管理人员			20 000
在建工程人员			10 000
机修车间			5 000
供汽车间			4 000
企业管理部门			25 000
销售部门			30 000
合计			

记 账 凭 证

年 月 日　　　　字第 号

摘要	会计科目		记账	借方金额											记账	贷方金额										
	总账科目	明细科目	√	亿	千	百	十	万	千	百	十	元	角	分	√	亿	千	百	十	万	千	百	十	元	角	分
合计																										

附单据 张

会计主管　　记账　　出纳　　审核　　制单

记 账 凭 证

年 月 日　　　　字第 号

摘要	会计科目		记账	借方金额											记账	贷方金额										
	总账科目	明细科目	√	亿	千	百	十	万	千	百	十	元	角	分	√	亿	千	百	十	万	千	百	十	元	角	分
合计																										

附单据 张

会计主管　　记账　　出纳　　审核　　制单

20-2

计提福利费分配汇总表

2010 年 12 月 31 日

产品、车间和部门	工资总额	应计提福利费（14%）
A 产品生产工人	100 000	
B 产品生产工人	50 000	
生产车间一般管理人员	20 000	
在建工程人员	10 000	
机修车间	5 000	
供汽车间	4 000	
管理部门	25 000	
销售部门	30 000	
合　计	244 000	

记 账 凭 证

年　月　日　　　　　　　　字第　　号

摘　要	会计科目		记账	借方金额											记账	贷方金额										
	总账科目	明细科目	√	亿	千	百	十	万	千	百	十	元	角	分	√	亿	千	百	十	万	千	百	十	元	角	分
合　　计																										

附单据　张

会计主管　　　　记账　　　　出纳　　　　审核　　　　制单

记 账 凭 证

年 月 日　　　　　　　　字第　号

摘 要	会计科目		记账	借方金额											记账	贷方金额										
	总账科目	明细科目	√	亿	千	百	十	万	千	百	十	元	角	分	√	亿	千	百	十	万	千	百	十	元	角	分
合 计																										

附单据　张

会计主管　　记账　　出纳　　审核　　制单

20-3

计提工会经费分配汇总表

2010 年 12 月 31 日

产品、车间和部门	工资总额	应计提工会经费（2%）
A 产品生产工人	100 000	
B 产品生产工人	50 000	
生产车间一般管理人员	20 000	
在建工程人员	10 000	
机修车间	5 000	
供汽车间	4 000	
管理部门	25 000	
销售部门	30 000	
合 计	244 000	

记账凭证

年 月 日 字第 号

摘要	会计科目		记账	借方金额											记账	贷方金额										
	总账科目	明细科目	√	亿	千	百	十	万	千	百	十	元	角	分	√	亿	千	百	十	万	千	百	十	元	角	分
合计																										

附单据 张

会计主管 记账 出纳 审核 制单

记账凭证

年 月 日 字第 号

摘要	会计科目		记账	借方金额											记账	贷方金额										
	总账科目	明细科目	√	亿	千	百	十	万	千	百	十	元	角	分	√	亿	千	百	十	万	千	百	十	元	角	分
合计																										

附单据 张

会计主管 记账 出纳 审核 制单

20-4

计提教育经费分配汇总表

2010 年 12 月 31 日

产品、车间和部门	工资总额	应计提职工教育经费（1.5%）
A 产品生产工人	100 000	1 500
B 产品生产工人	50 000	750
生产车间一般管理人员	20 000	300
在建工程人员	10 000	150
机修车间	5 000	75
供汽车间	4 000	60
管理部门	25 000	375
销售部门	30 000	450
合　计	244 000	3 660

记　账　凭　证

年　月　日　　　　字第　号

摘　要	会计科目		记账	借方金额											记账	贷方金额										
	总账科目	明细科目	√	亿	千	百	十	万	千	百	十	元	角	分	√	亿	千	百	十	万	千	百	十	元	角	分
合　计																										

附单据　张

会计主管　　记账　　出纳　　审核　　制单

记账　凭证

年　月　日　　　　　　　　　　字第　　号

摘　要	会计科目		记账	借方金额											记账	贷方金额										
	总账科目	明细科目	√	亿	千	百	十	万	千	百	十	元	角	分	√	亿	千	百	十	万	千	百	十	元	角	分
合　计																										

附单据　张

会计主管　　　　记账　　　　出纳　　　审核　　　　制单

四、参考答案

【练习题】

（一）单项选择题

1. D　2. A　3. B　4. D　5. C　6. D　7. B　8. C　9. C　10. D

11. D　12. A　13. A　14. B　15. C　16. A　17. C　18. D　19. C　20. A

21. B　22. A　23. D　24. D

(二)多项选择题

1. AD　2. ABCD　3. CDE　4. BD　5. ABCE　6. BDE　7. ABCD

8. ABDE　9. ABD　10. ABCD　11. ABCDE　12. BCE　13. ABC　14. ABD

15. ABCD　16. BD　17. ABCD　18. BC

(三)判断题

1.√　2. √　3.×　4. ×　5. ×　6. ×　7. √　8. ×　9. √　10. ×

11. ×　12. ×　13.×　14.√

(四)实务训练 单位：元

日期	凭证号	摘要	一级会计科目	二级会计科目	三级会计科目	借方	贷方
1	1	销售A、B产品，款项尚未收回	应收账款	宏远商场		128 700.00	
			主营业务收入	A产品			30 000.00
			主营业务收入	B产品			80 000.00
			应交税费	应交增值税	销项税额		18 700.00
1	2	结转已销A、B产品成本	主营业务成本	A产品		20 000.00	
			主营业务成本	B产品		60 000.00	
			库存商品				80 000.00
5	3	销售员赵林预借差旅费	其他应收款	销售部（赵林）		5 500.00	
			库存现金				5 500.00
6	4	购买办公用品	管理费用			694.00	
			库存现金				694.00
7	5	提现备用	库存现金			3 500.00	
			银行存款				3 500.00
7	6	李好归还借款	库存现金			1 000.00	
			其他应收款	李好			1 000.00
10	7	开出支票支付广告费	销售费用			20 000.00	
			银行存款				20 000.00
11	8	支付环保罚款	营业外支出	环保罚款		20 000.00	
			银行存款				20 000.00
12	9	采购原材料	在途物资	甲材料		10 000.00	
			在途物资	乙材料		40 000.00	
			应交税费	应交增值税	进项税额	8 500.00	
			应付账款				58 500.00
13	10	存款支付购甲、乙材料运输费	在途物资	甲材料		1 000.00	
			在途物资	乙材料		2 000.00	
			银行存款				3 000.00
13	11	甲、乙材料运到企业	原材料	甲材料		11 000.00	
			原材料	乙材料		42 000.00	
			在途物资	甲材料			11 000.00
			在途物资	乙材料			42 000.00
15	12	赵林报销差旅费	管理费用			5 130.00	
			库存现金			370.00	
			其他应收款	采购部（赵林）			5 500.00

日期	凭证号	摘要	一级会计科目	二级会计科目	三级会计科目	借方	贷方
16	13	存款支付咨询费	管理费用			500.00	
			银行存款				500.00
17	14	收回宏远商场前欠货款	银行存款			128 700.00	
			应收账款	宏远商场			128 700.00
18	15	报销餐费	管理费用			1 000.00	
			库存现金				1 000.00
19	16	生产A产品领用原材料	生产成本	A产品		300 000.00	
			原材料	甲材料			100 000.00
			原材料	乙材料			200 000.00
20	17	购入甲材料	原材料	甲材料		40 000.00	
			应交税费	应交增值税	进项税额	6 800.00	
			银行存款				46 800.00
20	18	销售部门领用原材料	销售费用			15 000.00	
			原材料	甲材料			5 000.00
			原材料	乙材料			10 000.00
22	19	销售A、B产品	应收票据			164 800.00	
			主营业务收入	A产品			60 000.00
			主营业务收入	B产品			80 000.00
			应交税费	应交增值税	销项税额		23 800.00
			银行存款				1 000.00
22	20	结转已销A、B产品成本	主营业务成本	A产品		40 000.00	
			主营业务成本	B产品		60 000.00	
			库存商品				100 000.00
22	21	接受投资	银行存款			800 000.00	
			实收资本	天津万达			200 000.00
			资本公积	资本溢价			600 000.00
25	22	从银行取得借款	银行存款	工行		1 000 000.00	
			短期借款				1 000 000.00
31	$23\frac{1}{2}$ $23\frac{2}{2}$	分配工资	生产成本	A产品		100 000.00	
			生产成本	B产品		50 000.00	
			制造费用			20 000.00	
			在建工程			10 000.00	
			辅助生产成本	机修车间		5 000.00	
			辅助生产成本	供汽车间		4 000.00	
			管理费用			25 000.00	
			销售费用			30 000.00	
			应付职工薪酬	工资			244 000.00

日期	凭证号	摘要	一级会计科目	二级会计科目	三级会计科目	借方	贷方
			生产成本	A产品		14 000.00	
			生产成本	B产品		7 000.00	
			制造费用			2 800.00	
			在建工程			1 400.00	
		计提福利费用	辅助生产成本	机修车间		700.00	
			辅助生产成本	供电车间		560.00	
	$24\frac{1}{2}$		管理费用			3 500.00	
31	$24\frac{2}{2}$		销售费用			4 200.00	
			应付职工薪酬	福利费			34 160.00
			生产成本	A产品		2 000.00	
			生产成本	B产品		1 000.00	
			制造费用			400.00	
			在建工程			200.00	
		计提工会经费	辅助生产成本	机修车间		100.00	
			辅助生产成本	供电车间		80.00	
	$25\frac{1}{2}$		管理费用			500.00	
31	$25\frac{2}{2}$		销售费用			600.00	
			应付职工薪酬	工会经费			4 880.00
			生产成本	A产品		1 500.00	
			生产成本	B产品		750.00	
			制造费用			300.00	
			在建工程			150.00	
		计提教育经费	辅助生产成本	机修车间		75.00	
			辅助生产成本	供电车间		60.00	
	$26\frac{1}{2}$		管理费用			375.00	
31	$26\frac{2}{2}$		销售费用			450.00	
			应付职工薪酬	教育经费			3 660.00

第八章 会计账簿

一、学习概要

本章重点介绍了会计账簿的含义与种类，账簿设置和登记的方法，账簿的启用与错账更正的方法，对账与结账，账簿的启用，更换与保管等内容。

1. 会计账簿的含义

会计账簿（books of accounts）指由一定格式的账页组成的，以会计凭证为依据，序时、连续、系统、全面地记录各项经济业务的簿籍。

2. 会计账簿种类

（1）按用途不同分为序时账簿、分类账簿和备查账簿。

（2）按外表形式不同分为订本账、活页账和卡片账。

（3）按账页格式不同分为三栏式账簿、多栏式账簿和数量金额式账簿。

①三栏式账簿。基本结构为“借方”、“贷方”和“余额”三栏。适用于只需要对金额核算的明细账和总账，主要有现金日记账、银行存款日记账，以及应收账款、应付账款、短期借款等科目的账簿。

②数量金额式账簿。基本结构也采用“借方”、“贷方”和“余额”三大栏，下面分别设置“数量”、“单价”和“金额”三个小栏目。分别登记实物数量和金额，以满足管理上既要求提供金额资料，又要求提供实物数量资料的需求。主要有“原材料”、“低值易耗品”、“库存商品”等科目的明细账。

③多栏式账簿。基本结构在其借、贷方分别设若干专栏的形式进行分类核算，专栏的设置根据实际需要而定，可以是借方多栏式，如生产成本、制造费用、管理费用、财务费用、营业外支出等科目；可以是贷方多栏式，主要有主营业务收入、营业外收入等；也可以是借方、贷方多栏式，如本年利润、应交税费——应交增值税科目的明细账。每一个多栏式明细分类科目应按照其所反映的经济业务内容以及经营管理上的要求来设置专栏项

目。

3. 错账更正

常用的错账更正方法主要有划线更正法、红字更正法和补充登记法。

（1）划线更正法。划线更正法适用于结账前发现账簿记录有文字或数字错误，而记账凭证没有错误的情况。更正的方法是：在错误的文字或数字上划一条红线予以注销，在红线的上方填写正确的文字或数字，并由记账人员在更正处盖章，以明确责任。但应注意的是：更正时不得只划销错误数字，应将全部数字划销，并保持原有数字清晰可辨，以便审查，对于文字错误，可只划去错误的部分。

（2）红字更正法。红字更正法适用以下两种情况：

①记账后发现记账凭证中的应借、应贷会计科目有错误。更正的方法是：用红字填写一张与原错误记账凭证完全相同的记账凭证，并据以用红字登记入账以冲销原有的错误记录，然后用蓝字填写一张正确的记账凭证，并据以用蓝字登记入账。

②记账后发现记账凭证中应借、应贷会计科目无误，只是所记金额大于应记金额。更正的方法是：按多记金额用红字编制一张与原记账凭证应借、应贷科目完全相同的记账凭证，并据以用红字登记入账，以冲销多计金额。

（3）补充登记法。补充登记法适用于记账时发现记账凭证中应借、应贷会计科目无误，只是所记金额小于应记金额的情况。更正的方法是：按少记的金额用蓝字编制一张与原记账凭证应借、应贷科目完全相同的记账凭证，并据以用蓝字登记入账。

4. 对账

对账就是对账簿记录所进行的核对工作。为了保证各种账簿记录的真实、完整和正确性，就需要经常进行对账。对账的内容一般包括如下几个方面：

（1）账证核对。账证核对是指账簿记录与会计凭证进行核对。核对的重点是会计账簿记录与原始凭证、记账凭证的时间、凭证号数、业务内容、金额和会计分录是否相符，如果发现账证不符，应重新对账簿记录和会计凭证进行复核，直到查出错误的原因为止，以保证账证相符。

（2）账账核对。账账核对是指对不同会计账簿之间的有关数字进行核对。账账核对包括：

①总分类账簿之间的核对，是指全部总分类账户的期末借方余额合计数应与全部总分类账户的期末贷方余额合计数相等。

②总分类账簿与所属明细分类账簿核对，是指总分类账各账户的期末余额应与所属各明细分类账的期末余额之和相等。

③总分类账簿与序时账簿核对。

④会计部门有关实物资产的明细账与财产物资保管部门或使用部门的明细账核对。

（3）账实核对。账实核对是指各项财产物资、债权债务等账面余额与实有数额之间的核对。账实核对的主要内容有：

①现金日记账的账面余额与库存现金实有数额相核对。

②银行存款日记账的账面余额与银行对账单的余额相核对。

③各项财产物资明细账的账面余额与财产物资的实有数额相核对。

④有关债权债务明细账的账面余额与对方单位的账面记录相核对。

5. 结账

结账就是在把一定时期内发生的经济业务全部登记入账的基础上，对账簿记录所作的结束工作。通过结账，可以分清上下期的会计记录，结出期末科目余额和本期损益，为编制会计报表做好准备。结账工作的内容通常包括：

（1）结计各种损益类科目的本期发生额，并据以计算确定本期盈亏。

（2）结算各种资产、负债和所有者权益类科目，分别结计其本期发生额和期末余额，并将期末余额转为下期的期初余额，以分清上下期的会计记录。

结账前除了调整上述应计收入、应计费用、递延收入、预付费用外，为使本期的收入与费用配比已达到正确计算本期损益的目的，还有一些账项须进行期末调整。如根据应收账款计提坏账准备、固定资产折旧的计提、无形资产的摊销、对某些资产类项目进行计算调整减值准备等。

结账一般分为月结、季结和年结三种，具体结账方法如下：

①月结。在该月最后一笔经济业务下面划一条通栏单红线，在红线下“摘要”栏内注明“本月合计”或“本月发生额及余额”字样，结出借贷双方的本月发生额及期末余额，然后，在这一行下面再划一条通栏单红线，表示账簿记录已经结束。

②季结。季度终了，结算出本季三个月的发生额合计数和季末余额，记在本月最后一个月月结的下一行，在“摘要”栏内注明“本季合计”或“本季发生额及余额”字样，在这一行下面划一条通栏单红线，表示季结的结束。

③年结。年末，结算出本年四个季度的发生额合计数和年末余额，记在第四季度季结的下一行，在“摘要”栏注明“本年合计”或“本年发生额及余额”字样，然后，在这一行下面划上通栏双红线，以示封账。年度结账后，要把各账户的余额结转到下一会计年度，并注明“结转下年”字样。

二、小知识

发票罚责

按《发票管理办法》规定，有下列情形之一的，由税务机关处 1 万元以上 5 万元以下的罚款；情节严重的，处 5 万元以上 50 万元以下的罚款；有违法所得的予以没收：

（1）转借、转让、介绍他人转让发票、发票监制章和发票防伪专用品的。

（2）知道或者应当知道是私自印制、伪造、变造、非法取得或者废止的发票而受让、开具、存放、携带、邮寄、运输的。

对违反发票管理规定 2 次以上或者情节严重的单位和个人，税务机关可以向社会公告。

三、练习题

（一）单项选择题

1. 登记账簿的依据是（　　）

A. 经济合同　　B. 会计分录　　C. 记账凭证　　D. 有关文件

2. 下列账户的明细账采用三栏式账页的是（　　）

A. 管理费用　　B. 销售费用　　C. 库存商品　　D. 应收账款

3. 一般情况下，不需要根据记账凭证登记的账簿是（　　）

A. 总分类账　　B. 明细分类账　　C. 日记账　　D. 备查账

4. 从银行提取库存现金，登记库存现金日记账的依据是（　　）

A. 库存现金收款凭证　　B. 银行存款付款凭证

C. 银行存款收款凭证　　D. 备查账

5. 生产成本明细账一般采用的明细账是（　　）

A. 三栏式　　B. 多栏式　　C. 数量金额式　　D. 任意格式

6. 原材料等财产物资明细账一般适用的明细账是（　　）

A. 数量金额式　　B. 多栏式　　C. 三栏式　　D. 任意格式

7. 若记账凭证上的会计科目和应借应贷方向未错，但所记金额大于应记金额，并据以登记入账，应采用的更正方法是（　　）

A. 划线更正法　　B. 红字更正法　　C. 补充登记法　　D. 编制相反分录冲减

8. 会计人员在结账前发现，根据记账凭证登记入账时误将 600 元写成 6 000 元，而记

账凭证无误，应采用的更正方法是　（　）

A. 补充登记法　B. 划线更正法　C. 红字更正法　D. 横线登记法

9. 我国现行采用的现金日记账和银行存款日记账属于　（　）

A. 普通日记账　B. 特种日记账　C. 分录日记账　D. 转账日记账

10. 新年度开始启用新账时，可以继续使用不必更换新账的是　（　）

A. 总分类账　B. 银行存款日记账

C. 固定资产卡片　D. 管理费用明细账

11. 在结账前发现账簿记录有文字或数字错误，而记账凭证没有错误，应当采用的更正方法是　（　）

A. 划线更正法　B. 红字更正法

C. 补充登记法　D. 平行登记法

12. 活页账一般适用于　（　）

A. 总分类账　B. 现金日记账和银行存款日记账

C. 固定资产明细账　D. 明细分类账

13. 订本账主要不适用于　（　）

A.特种日记账　B. 普通日记账

C.总分类账　D. 明细分类账

14. 固定资产明细账的外表形式可以采用　（　）

A.订本式账簿　B. 卡片式账簿

C.活页式账簿　D. 多栏式明细分类账

15.“实收资本”明细账的账页可以采用　（　）

A. 三栏式　B. 活页式

C. 数量金额式　D. 卡片式

（二）多项选择题

1. 下列属于序时账的有　（　）

A. 普通日记账　B. 银行存款日记账

C. 明细分类账　D. 库存现金日记账

2. 下列明细账中可以采用三栏式账页的有　（　）

A. 应收账款明细账　B. 原材料明细账

C. 材料采购明细账　D. 现金日记账

3. 登记明细分类账的依据可以是　（　）

A. 原始凭证　B. 汇总原始凭证

C. 记账凭证　D. 经济合同

4. 数量金额式明细分类账的账页格式一般适用于 （　　）

A. 库存商品明细账　　B. 应交税金明细账

C. 应付账款明细账　　D. 原材料明细账

5. 登记现金日记账收入栏的依据有 （　　）

A. 累计凭证　　B. 现金收款凭证

C. 转账凭证　　D. 银行存款付款凭证

6. 普通日记账的缺点有 （　　）

A. 记账时不便于分工合作

B. 不便于了解企业一定时期发生的所有经济业务全貌

C. 不便于进行试算平衡

D. 不便于了解某一特定账户的发生额及余额的变化情况

7. 收回货款 1 500 元存入银行，记账凭证中误将金额填为 15 000 元，并已入账，错账的更正方法不正确的是 （　　）

A. 用划线更正法更正

B. 用蓝字借记“银行存款”账户 1 500 元，贷记“应收账款”账户 1 500 元

C. 用红字借记“应收账款”账户 15 000 元，贷记“银行存款”账户 15 000 元

D. 用红字借记“银行存款”账户 13 500 元，贷记“应收账款”账户 13 500 元

8. 下列应设置备查账簿登记的事项有 （　　）

A. 固定资产卡片　　B. 本单位已采购的材料

C. 临时租入的固定资产　　D. 本单位受托加工材料

9. 任何会计主体都必须设置的账簿有 （　　）

A. 日记账　　B. 备查账　　C. 总分类账　　D. 明细分类账

10. 账簿按其外表形式分，可以分为 （　　）

A. 三栏式　　B. 订本式　　C. 卡片式　　D. 活页式

11. 下列适用多栏式明细账的是 （　　）

A. 生产成本　　B. 制造费用　　C. 材料采购　　D. 应付账款

12. 在账簿记录中，红笔只能用于 （　　）

A.错误更正　　B. 冲账　　C. 结账　　D. 登账

13. 登记银行存款日记账的依据为 （　　）

A. 银行存款收款凭证　　B. 银行存款付款凭证

C. 库存现金收款凭证　　D. 库存现金付款凭证

14. 账簿记录发生错误时，应根据错账的具体情况，按规定的方法进行更正，不得

( )

A. 涂改　　B. 挖补

C. 用退色药水消除字迹　　D. 撕去错页重新抄写

15. 会计账簿按其用途的不同，可以分为 ( )

A. 序时账簿　　B. 分类账簿

C. 备查账簿　　D. 数量金额式账簿

（三）判断题

1. 现金日记账和银行存款日记账的外表形式必须采用订本式账簿。 ( )

2. 记账以后，发现记账凭证中应借应贷科目错误，应采用红字更正法更正。 ( )

3. 采用普通日记账时，可根据经济业务直接登记，然后再将普通日记账过入分类账。因此，设置普通日记账时一般可不再填制记账凭证。 ( )

4. 任何单位都必须设置总分类账。 ( )

5. 所有总分类账的外表形式都必须采用订本式。 ( )

6. 记账以后，发现记账凭证和账簿记录中应借应贷的会计科目无误，只是金额有错误，且所错记的金额小于应记的正确金额，可采用红字更正法更正。 ( )

7. 为了保证现金日记账的安全和完整，现金日记账无论采用三栏式还是多栏式，外表形式都必须使用订本账。 ( )

8. 为保持账簿记录的持久性，防止涂改，记账时必须使用蓝黑墨水或碳素墨水，并用钢笔书写，不得使用铅笔或圆珠笔书写。 ( )

9. 账簿按其用途不同，可分为订本式账簿、活页式账簿和卡片式账簿。 ( )

10. 会计账簿是连接会计凭证与会计报表的中间环节，在会计核算中具有承前启后的作用，是编制会计报表的基础。 ( )

11. 我国每个会计主体都采用普通日记账登记每日库存现金和银行存款的收付。

( )

12. 多栏式明细账一般适用于资产类账户。 ( )

13. 由于记账凭证错误而造成的账簿记录错误，可采用划线更正法进行更正。( )

14. 采用划线更正法时，只要将账页中个别错误数码划上红线，再填上正确数码即可。

( )

15. 记账凭证中会计账户、记账方向正确，但所记金额大于应记金额而导致账簿登记金额增加的情况，可采用补充登记法进行更正。 ( )

（四）实务训练

1. 资料：某企业 2010 年 4 月份部分经济业务及核算中发生的错误如下：

（1）8 日，以银行存款支付购材料款 9 800 元，作银行存款 103 号付款记账凭证如下：

借：原材料　　　　8 900

　　贷：银行存款　　　　8 900

（2）19 日，车间管理部门领用甲材料 800 元，作为一般耗用，填制 80 号转账凭证时，会计分录如下：

借：生产成本　　　　800

　　贷：原材料　　　　800

（3）30 日，以现金 730 元支付展览费用，编制现付 50 号现金付款凭证如下：

借：营业费用　　　　7 300

　　贷：库存现金　　　　7 300

（4）30 日，会计在登记银行存款明细账借方金额时，将 1 000 元写成了 100 元。银行存款期初余额 120 034 元，2 日把现金存入银行 56 780 元，5 日用银行存款购买办公用品 2 500 元，其余略，请在账簿中登记并结出余额。

要求：根据上述资料的错误，选用正确错账更正方法进行更正并完成会计凭证和账簿的填写。（假设本月发生以上错误）

记　账　凭　证

年　月　日　　　　　　　　字第　　号

摘　要	会计科目		记账	借方金额											记账	贷方金额										
	总账科目	明细科目	√	亿	千	百	十	万	千	百	十	元	角	分	√	亿	千	百	十	万	千	百	十	元	角	分
合　计																										

附单据　张

会计主管　　　　记账　　　　出纳　　　　审核　　　　制单

记　账　凭　证

年　月　日　　　　　　　　　　字第　　号

摘要	会计科目		记账	借方金额											记账	贷方金额										
	总账科目	明细科目	√	亿	千	百	十	万	千	百	十	元	角	分	√	亿	千	百	十	万	千	百	十	元	角	分
合　　计																										

附单据　张

会计主管　　　　记账　　　　出纳　　　　审核　　　　制单

记　账　凭　证

年　月　日　　　　　　　　　　字第　　号

摘要	会计科目		记账	借方金额											记账	贷方金额										
	总账科目	明细科目	√	亿	千	百	十	万	千	百	十	元	角	分	√	亿	千	百	十	万	千	百	十	元	角	分
合　　计																										

附单据　张

会计主管　　　　记账　　　　出纳　　　　审核　　　　制单

记 账 凭 证

年 月 日 字第 号

摘要	会计科目		记账	借方金额											记账	贷方金额										
	总账科目	明细科目	√	亿	千	百	十	万	千	百	十	元	角	分	√	亿	千	百	十	万	千	百	十	元	角	分
合计																										

附单据 张

会计主管 记账 出纳 审核 制单

记 账 凭 证

年 月 日 字第 号

摘要	会计科目		记账	借方金额											记账	贷方金额										
	总账科目	明细科目	√	亿	千	百	十	万	千	百	十	元	角	分	√	亿	千	百	十	万	千	百	十	元	角	分
合计																										

附单据 张

会计主管 记账 出纳 审核 制单

记 账 凭 证

年 月 日　　　　　　　　字第 号

摘要	会计科目		记账	借方金额											记账	贷方金额										
	总账科目	明细科目	√	亿	千	百	十	万	千	百	十	元	角	分	√	亿	千	百	十	万	千	百	十	元	角	分
合计																										

附单据　张

会计主管　　　记账　　　出纳　　　审核　　　制单

记 账 凭 证

年 月 日　　　　　　　　字第 号

摘要	会计科目		记账	借方金额											记账	贷方金额										
	总账科目	明细科目	√	亿	千	百	十	万	千	百	十	元	角	分	√	亿	千	百	十	万	千	百	十	元	角	分
合计																										

附单据　张

会计主管　　　记账　　　出纳　　　审核　　　制单

记 账 凭 证

年 月 日　　　　字第 号

摘要	会计科目		记账	借方金额											记账	贷方金额										
	总账科目	明细科目	√	亿	千	百	十	万	千	百	十	元	角	分	√	亿	千	百	十	万	千	百	十	元	角	分
合计																										

附单据　张

会计主管　　记账　　出纳　　审核　　制单

银行存款日记账

年		凭证号数	结算方式		摘要	借方											√	贷方											√	余额										
月	日		类	号码		亿	千	百	十	万	千	百	十	元	角	分		亿	千	百	十	万	千	百	十	元	角	分		亿	千	百	十	万	千	百	十	元	角	分

2. 资料：根据第七章会计凭证“实务训练”业务登记日记账、明细账和总账并进行结账。

期初余额：现金日记账为 9 000 元；银行存款日记账为 200 000 元；应收宏远商场明细账 10 000 元。（其余略）

（1）登记现金日记账并进行结账。

现 金 日 记 账

年		凭证号数	摘要	对应科目	借方	√	贷方	√	余额
月	日				百十万千百十元角分		百十万千百十元角分		百十万千百十元角分

（2）登记银行存款日记账并进行结账。

银 行 存 款 日 记 账

年		凭证号数	结算方式		摘要	借方	√	贷方	√	余额
月	日		类	号码		亿千百十万千百十元角分		亿千百十万千百十元角分		亿千百十万千百十元角分

（3）登记应收账款明细分类账并进行结账（宏远商场）。

明细账

科目________

年		记账凭证号数	摘要	借方										贷方										借或贷	余额									
月	日			千	百	十	万	千	百	十	元	角	分	千	百	十	万	千	百	十	元	角	分		千	百	十	万	千	百	十	元	角	分

（4）登记管理费用明细账并进行结账。

管理费用明细账

年		凭证号	摘要	借方							贷方	借或贷	余额
月	日			十万千百十元角分	十万千百十元角分	十万千百十元角分	十万千百十元角分	十万千百十元角分	十万千百十元角分	十万千百十元角分	十万千百十元角分		十万千百十元角分

（5）登记库存现金、银行存款总分类账并进行结账。

总账

年		凭证字号	摘要	借方									贷方									借或贷	余额								
月	日			百	十	万	千	百	十	元	角	分	百	十	万	千	百	十	元	角	分		百	十	万	千	百	十	元	角	分

总账

年		凭证字号	摘要	借方									贷方									借或贷	余额								
月	日			百	十	万	千	百	十	元	角	分	百	十	万	千	百	十	元	角	分		百	十	万	千	百	十	元	角	分

（五）案例分析

【案例简介】

大通股份公司 2010 年度结账后，利润表已编制，尚未公布，发现原记录有误，须予以更正的事项如下：

（1）房屋折旧少提 7 000 元。

（2）误将购建固定资产的运杂费和安装费 14 400 元作为收益性支出，列入当期损益。

（3）预收房屋租金 5 000 元，含有已经确定的房屋租金收入 2 400 元。

（4）当期保险费用中多列支 10 000 元。

（5）已到期而尚未收取的仓库租金 7 200 元尚未列账。

（6）漏列 12 月份应付水电费 3 000 元。

试问上述事项对资产、负债、股东权益及本年利润的影响。

【案例提示】

（1）使本年度资产增加 7 000 元，利润增加 7 000 元。

（2）将资本性支出列入收益性支出，使当期资产减少，利润减少。

（3）已确认的房屋租金收入应记入本期利润，使当期利润减少 2 400 元。

（4）多列支的保险费用使当期利润减少 10 000 元。

（5）使当期利润减少 7 200 元。

（6）使当期利润增加 3 000 元。

四、参考答案

【练习题】

（一）单项选择题

1. C　2. D　3. D　4. B　5. B　6.A　7. B　8. B　9. B　10. C

11. A　12. D　13. D　14. B　15. A

（二）多项选择题

1.ABD　2.AD　3.ABC　4.AD　5.BD　6.ACD　7.ABC　8.CD

9.ACD　10.BCD　11.AB　12.ABC　13.ABD　14.ABCD　15.ABC

（三）判断题

1.√　2.√　3.√　4.√　5.√　6.×　7.√　8.√　9.×　10.√

11.×　12.×　13.×　14.×　15.×

（四）实务训练

1. 错账更正

（1）采用补充登记法。补记金额为 900 元。

（2）采用红字冲销法。车间一般耗用应记入“制造费用”科目。

（3）采用红字冲销法。展览费用应记入“销售费用”科目，金额是 730 元。

（4）采用划线更正法。在原来错误的数字上划一条红线，在上面写上正确的数字1 000，在右上角加盖更正人的名章。

2. 账簿登记

现金日记账余额 6 676.00 元

银行存款日记账余额 2 033 900.00 元

应收账款——宏远商场余额 10 000.00 元

管理费用明细账 31 569.00 元

第九章 财产清查

一、学习概要

本章是会计核算方法之一，学习的重点内容是财产清查的含义及种类；存货的盘存制度；银行存款余额调节表的编制。难点包括在实际工作中存在的未达账项的四种情况及银行存款余额调节表的编制。

（1）财产清查基本知识见表 9.1。

表 9.1 财产清查基本知识

<table>
<tr><th>含义</th><th>盘存制度</th><th>技术方法</th><th>未达账项种类</th></tr>
<tr><td rowspan="4">通过对会计核算单位的货币资金、存货、固定资产、债权、债务、有价证券等的盘点或核对，查明其实有数与账存数是否相符，并查明账实不符的原因的一种会计核算方法</td><td rowspan="2">（1）永续盘存制
公式：
期末结存数额 = 期初结存数额 + 本期增加数额 − 本期减少数额</td><td rowspan="4">（1）实地盘点法
（2）技术推算法
（3）核对账目法
（4）函证核对法
（5）抽样盘点法</td><td>（1）企业已经收款入账，银行尚未收到款项</td></tr>
<tr><td>（2）企业已经付款入账，银行尚未支付款项</td></tr>
<tr><td rowspan="2">（2）实地盘存制
公式：
本期减少数额 = 期初结存数额 +本期增加数额−期末结存数额</td><td>（3）银行已经收款入账，企业尚未收到款项</td></tr>
<tr><td>（4）银行已经付款入账，企业尚未支付款项</td></tr>
</table>

（2）财产清查种类如图 9.1。

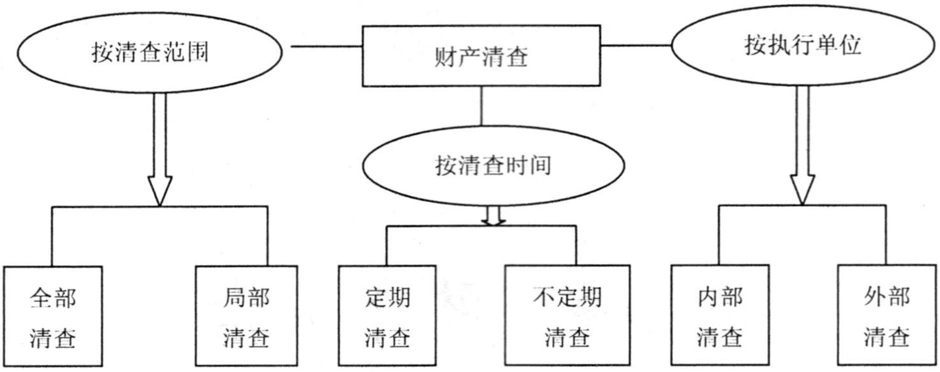

图 9.1　财产清查种类

（3）库存现金清查与银行存款清查的区别见表 9.2。

表 9.2　库存现金清查与银行存款清查的区别

清查内容	清查方法	清查手续	编制表的作用
库存现金清查	实地盘点法	填制“库存现金盘点报告表”	报告表属于重要原始凭证
银行存款清查	与银行发来对账单进行核对	编写“银行存款余额调节表”	调节表只起到对账作用

二、小知识

发现盖旧章发票怎么办？

2012 年 1 月份，我公司收到一张增值税专用发票，并拿去认证了，2012 年 2 月份，发现发票章是旧的，然后要退还给开票单位，申请开了红字发票申请单，去国税找管理员签字，然后把代码和申请单一起寄给开票单位。问题：开票单位重新开给我们的发票要不要认证，开票单位开红字冲销的时候，我已经认证过的那张发票是不是作废了？

按相关规定，你所提及的业务，最规范的做法应该是：

（1）收到的“错误”发票，若已认证并入账抵扣进项税。

（2）申请获取《开具红字增值税专用发票通知单》的当月做进项税额转出。

（3）收到重新开具的“正确”发票，认证，再入账作进项税额抵扣。

若“错误”发票只是认证，未实际抵扣，那就不必做进项税额转出，只要在收到重开的“正确”发票后，申请认证抵扣就可以了。

三、练习题

（一）单项选择题

1. 下列反映在待处理财产损溢科目借方的是 （ ）
   A. 财产的盘亏数 B. 财产的盘盈数
   C. 财产盘亏的转销数 D. 尚未处理的财产净溢余
2. 往来款项的清查方法是 （ ）
   A. 实地盘点法 B. 发函询证法 C. 技术推算法 D. 抽查法
3. 对于大量堆放的矿石，一般采用______方法进行清查。 （ ）
   A. 技术推算 B. 抽查检验 C. 询证核对 D. 实地盘点
4. 下列属于实物资产清查范围的是 （ ）
   A. 库存现金 B. 存货 C. 银行存款 D. 应收账款
5. 关于现金的清查，下列说法不正确的是 （ ）
   A. 在清查小组盘点现金时，出纳人员必须在场
   B.“现金盘点报告表”需要清查人员和出纳人员共同签字盖章
   C. 要根据“现金盘点报告表”进行账务处理
   D. 不必根据“现金盘点报告表”进行账务处理
6. 对库存现金的清查应采用的方法是 （ ）
   A. 实地盘点法 B. 检查现金日记账
   C. 倒挤法 D. 抽查现金
7. 全面清查和局部清查是按照______来划分的。 （ ）
   A. 财产清查的范围 B. 财产清查的时间
   C. 财产清查的方法 D. 财产清查的性质
8. 盘亏的固定资产应该通过______科目核算。 （ ）
   A. 固定资产清理 B. 待处理财产损溢
   C. 以前年度损益调整 D. 材料成本差异
9. 对银行存款进行清查，应该采用的方法是 （ ）
   A. 定期盘点法 B. 与银行核对账目法
   C. 实地盘存法 D. 和往来单位核对账目法
10. 无法查明原因的现金盘盈应该记入______科目。 （ ）
   A. 管理费用 B. 营业外收入
   C. 销售费用 D. 其他业务收入
11. 年终决算前进行的财产清查属于 （ ）
   A. 局部清查和定期清查 B. 全面清查和定期清查

C. 全面清查和不定期清查　　D. 局部清查和不定期清查

12. 企业在遭受自然灾害后，对其受损的财产物资进行的清查，属于　　（　　）

A. 局部清查和定期清查　　B. 全面清查和定期清查

C. 全面清查和不定期清查　　D. 局部清查和不定期清查

13. 财产清查是通过对各项财产的实地盘点或核对，来查明______是否相符的一种专门方法。　　（　　）

A. 账簿记录与会计凭证　　B. 有关会计账簿之间

C. 实有数与账面数　　D. 会计账簿与会计报表

14. 按预先计划安排的时间对财产进行盘点和核对是　　（　　）

A. 全面清查　　B. 局部清查

C. 定期清查　　D. 不定期清查

15. 华丰公司 2010 年 6 月 30 日银行存款日记账的余额为 100 万元，经逐笔核对，未达账项如下：银行已收，企业未收的 2 万元;银行已付，企业未付的 1.5 万元。调整后的企业银行存款余额应为______万元。　　（　　）

A. 100　　B. 100.5　　C. 102　　D. 103.5

16. 采用“实地盘存制”，平时对财产物资的记录　　（　　）

A. 只登记收入数，不登记发出数　　B. 只登记发出数，不登记收入数

C. 先登记收入数，后登记发出数　　D. 先登记发出数，后登记收入数

17. 在企业进行财产清查时，发现存货盘亏，在报批前正确的账务处理方法为（　　）

A. 借：库存商品
　　贷：待处理财产损溢

B. 借：待处理财产损溢
　　贷：管理费用

C. 借：待处理财产损溢
　　贷：待处理财产损溢

D. 借：待处理财产损溢
　　贷：库存商品

18. 存货毁损属于非常损失的部分，扣除保险公司赔款和残料价值之后，记入（　　）

A. 记入“营业外支出”　　B. 记入“营业外收入”

C. 记入“管理费用”　　D. 记入“主营业务成本”

19. 库存商品因管理不善盘亏，经批准核销时，应借记的账户是　　（　　）

A. 管理费用　　B. 营业外支出

C. 库存商品　　D. 待处理财产损溢

（二）多项选择题

1. 库存现金盘亏的账务处理中可能涉及的科目有　　（　　）

A. 库存现金　　B. 管理费用

C. 其他应收款　　D. 营业外支出

2. 关于银行存款的清查，下列说法正确的有　　　　　　　　　　　　（　　）

A. 不需要根据“银行存款余额调节表”作任何账务处理

B. 对于未达账项，等以后有关原始凭证到达后再作账务处理

C. 如果调整之后双方的余额不相等，则说明银行或企业记账有误

D. 对于未达账项，需要根据“银行存款余额调节表”作账务处理

3. 下列属于财产清查一般程序的有　　　　　　　　　　　　　　　（　　）

A. 组织清查人员学习有关政策规定

B. 确定清查对象、范围，明确清查任务

C. 制定清查方案

D. 填制盘存单和清查报告表

4. 关于往来款项的清查，下列说法正确的有　　　　　　　　　　　（　　）

A. 往来款项的清查一般采用与对方核对账目的方法

B. 要按每一个经济往来单位填制“往来款项对账单”

C. 对方单位经过核对相符后，在回联单上加盖公章退回，表示已经核对

D.“现金盘点报告表”不能作为调整账簿记录的原始凭证，不能根据“现金盘点报告表”进行账务处理

5. 下列情况适用于全面清查的有　　　　　　　　　　　　　　　　（　　）

A. 年终决算前　　　　　　　　　　B. 单位撤销、合并或改变隶属关系前

C. 全面清产核资、资产评估　　　　D. 单位主要负责人调离工作前

6. 编制“银行存款余额调节表”时，应调整银行对账单余额的业务有（　　）

A. 企业已收，银行未收　　　　　　B. 企业已付，银行未付

C. 银行已收，企业未收　　　　　　D. 银行已付，企业未付

7. 下列情况需要进行不定期清查的有　　　　　　　　　　　　　　（　　）

A. 年终决算前进行财产清查　　　　B. 更换财产物资保管人员

C. 发生自然灾害或意外损失　　　　D. 临时性清产核资

8. 造成账实不符的原因主要有　　　　　　　　　　　　　　　　　（　　）

A. 财产物资的自然损耗　　　　　　B. 财产物资收发计量错误

C. 财产物资的毁损、被盗　　　　　D. 会计账簿漏记、重记、错记

9. 财产清查前，要做好组织准备和业务准备，主要包括　　　　　　（　　）

A. 会计人员保证账证、账账之间相符　B. 实物保管人员对各项实物排列整齐

C. 制定盘点计划、安排人员　　　　D. 准备清理财产登记表册

10. 对于存货的清查，可采用的清查方法有　　　　　　　　　　　（　　）

A. 实地盘点法　　　　　　　　　　B. 抽样盘点法

C. 对账单核对法　　　　　　　　　D. 技术推算法

11. 下列项目中属于调增项目的有 ( )

A. 企业已收，银行未收　　B. 企业已付，银行未付

C. 银行已收，企业未收　　D. 银行已付，企业未付

12. 下列不适于采用实地盘点法清查的有 ( )

A. 原材料　　B. 固定资产

C. 露天堆放的沙石　　D. 露天堆放的煤

13. 财产清查的正确分类方法有 ( )

A. 全面清查和局部清查　　B. 定期清查和不定期清查

C. 全面清查和定期清查　　D. 定期清查和局部清查

14. 产生未达账项的情况有 ( )

A. 企业已收款入账，银行尚未收款入账

B. 企业已付款入账，银行尚未付款入账

C. 银行已收款入账，企业尚未收款入账

D. 银行已付款入账，企业尚未付款入账

15. 关于库存现金的清查，下列说法正确的有 ( )

A. 库存现金应该每日清点一次

B. 库存现金应该采用实地盘点法

C. 在清查过程中可以用借条、收据充抵库存现金

D. 要根据盘点结果编制“现金盘点报告表”

16. 在财产清查的过程中，应编制并据以调整账面记录的原始凭证有 ( )

A. 库存现金盘点报告表　　B. 银行存款余额调节表

C. 盘存单　　D. 实存账存对比表

（三）判断题

1. 定期清查和不定期清查对象的范围均既是全面清查，也可以是局部清查。 ( )

2. 非正常原因造成的存货盘亏损失经批准后应该计入营业外支出。 ( )

3. 小企业会计制度也要设置“待处理财产损溢”科目。 ( )

4. 在进行库存现金和存货清查时，出纳人员和实物保管人员不得在场。 ( )

5. 存货发生盘亏时，应根据不同的原因作出不同的处理，若属于一般经营性损失或定额内损失，记入“管理费用”科目。 ( )

6. “银行存款余额调节表”编制完成后，可以作为调整企业银行存款余额的原始凭证。 ( )

7. 通过财产清查，可以挖掘财产物资的潜力，有效利用财产物资，加速资金周转。 ( )

8. 未达账项是指企业与银行之间由于记账的时间不一致，而发生的一方已登记入账，另一方漏记、错记的项目。 ( )

9. 对因债权人特殊原因确定无法支付的应付账款，应记入“营业外收入”账户。 ( )

10. 库存现金的清查是通过实地盘点进行的，为明确责任，盘点时，出纳人员可以不在场，由会计代理。 ( )

11. 银行存款账实不符肯定是因为存在未达账项。 ( )

12. 实地盘存制的最大缺点是，期末通过盘点来倒挤出本期发生数量和金额，如果管理中出现问题，不易被发现。 ( )

（四）计算题

资料：哈尔滨大华有限公司在 2011 年 6 月 30 日银行存款余额为 80 000 元，银行对账单上的余额为 82 425 元，经过逐笔核对发现有下列未达账项：

（1）企业于 6 月 30 日存入从其他单位收到的转账支票一张计 8 000 元，银行尚未入账。

（2）企业于 6 月 30 日开出转账支票 6 000 元，现金支票 500 元。持票人尚未到银行办理转账和取款手续，银行尚未入账。

（3）企业委托银行代收甲单位货款 4 000 元。银行已经收到入账。但收款通知尚未到达企业。

（4）银行受运输机构委托代收运费，已从企业存款中付出 150 元，但企业因未接到转账付款通知，尚未入账。

（5）银行计算企业的存款利息 75 元，已经记入企业存款户，但企业尚未入账。

要求：编制“银行存款余额调节表”，并分析调节后是否需要编制有关会计分录？

表 9.3 银行存款余额调节表

2011 年 6 月 30 日 单位：元

项 目	金 额	项 目	金 额
企业账面的存款金额		银行对账单存款余额	
加：银行已收，企业未收		加：企业已收，银行未收	
（1）银行代收货款		减：企业已付，银行未付	
（2）存款利息		（1）开出的转账支票	
减：银行已付，企业未付银行代付运费		（2）开出现金支票	
调节后的存款余额		调节后的存款余额	

银行存款余额调节表只起到对账的作用，不能根据此表进行相应的会计处理。只有有关凭证到达的时候才能进行处理入账。

（五）业务处理题

哈尔滨大华有限公司2011年12月31日报表决算前进行财产清查时发现如下问题：

（1）库存现金短缺100元，经查明其中50元是由于出纳员李明收发错误造成的，经批准由出纳赔偿；另外50元无法查明原因。

（2）原材料甲盘盈100千克，单价为10元/千克，经查明属于自然升溢。

（3）企业发生火灾，烧毁原材料乙100千克，价款1 000元，无法查明原因，经批准予以转账。

要求：做出上述事项批准前后的账务处理。

（六）实务训练

核对企业银行存款日记账与银行对账单

1. 资料:哈尔滨大华有限公司2011年9月25~30日企业银行存款账面记录与银行对账单记录如下：

银行存款账面记录：

25日开出支票#1246，支付购入材料运费300元。

25日开出支票#1248，支付购入材料价款39 360元。

27日存入销货款转账支票40 000元。

28日开出支票#1249，支付委托外单位加工费16 800元。

30日存入销货转账支票28 000元。

30日开出支票#1252，支付机器修理费376元。

30日银行存款账面结存余额42 594元。

银行对账单记录：

27日支票#1248付出	39 360元
28日转账收入	40 000元
28日代交电费	3 120元
28日支票#1246付出材料运费	300元
29日存款利息收入	488元
29日代收浙江货款	11 820元
30日支票#1249付出	16 800元
30日结存余额	24 158元

要求：核对企业银行存款日记账与银行对账单收入与支出款项，查明银行存款记录与银行对账单不符原因，编制银行存款余额调节表。

表 9.4 银行存款余额调节表

年 月 日 单位：元

项 目	金 额	项 目	金 额
企业账面存款金额 加：银行已收，企业未收 减：银行已付，企业未付		银行对账单存款余额 加：企业已收，银行未收 减：企业已付，银行未付	
调节后的存款余额		调节后的存款余额	

2. 哈尔滨大华有限公司 2011 年 7 月份企业银行存款账面记录与银行对账单记录如下：

表 9.5 银行对账单

账户：大华公司 单位：元

日期	凭证种类	凭证号	摘要	借方	贷方	借/贷	余额
0701			期初余额			贷	40 000.00
0702	进账单	略	销货款		1 245.00	贷	41 245.00
0705	电汇		支付购货款	3 000.00		贷	38 245.00
0709	本票		偿还欠款	1 000.00		贷	37 245.00
0712	现金支票		提现	2 000.00		贷	35 245.00
0714	现金交款单		送存现金		10 000.00	贷	45 245.00
0721	转账支票		购零配件	6 000.00		贷	39 245.00
0728	委托收款		支付水费	2 500.00		贷	36 745.00
0731	托收承付		收回销货款		3 500.00	贷	40 245.00
0731			本月合计			贷	40 245.00

表 9.6 银行存款日记账

单位：元

日期	凭证种类	凭证号	摘要	借方	贷方	借/贷	余额
0701			期初余额			借	40 000.00
0702	进账单	略	销货款	1 245.00		借	41 245.00
0705	电汇		支付购货款		3 000.00	借	38 245.00
0709	本票		偿还欠款		1 000.00	借	37 245.00
0712	现金支票		提现		2 000.00	借	35 245.00
0714	现金交款单		送存现金	10 000.00		借	45 245.00
0721	转账支票		购零配件		6 000.00	借	39 245.00
0729	转账支票		支付电费		256.00	借	38 989.00
0731	进账单		收回销货款	10 000.00		借	48 989.00
0731			本月合计			借	48 989.00

表 9.7 银行存款余额调节表

2011 年 7 月 31 日　　　　单位：元

项　目	金　额	项　目	金　额
企业账面的存款金额		银行对账单存款余额	
加：银行已收，企业未收		加：企业已收，银行未收	
减：银行已付，企业未付		减：企业已付，银行未付	
调节后的存款余额		调节后的存款余额	

（七）案例分析

【案例简介】

星海公司出纳员小王由于刚参加工作不久，对于货币资金业务管理和核算的相关规定不太了解，所以出现一些不应有的错误，有两件事情让他印象深刻。第一件事是在 2010 年 6 月 8 日和 10 日两天的现金业务结束后例行的现金清查中，分别发现现金短缺 50 元和现金溢余 20 元的情况，对此他经过反复思考也弄不明白原因。为了保全自己的面子和息事宁人，同时又考虑到两次账实不符的金额又很小，他决定采取下列办法进行处理：现金短缺 50 元。自掏腰包补齐；现金溢余 20 元，暂时收起。第二件事是星海公司经常对其银行存款的实有额心中无数，甚至有时会影响到公司日常业务的结算，公司经理因此指派有关人员检查一下小王的工作，结果发现，他每次编制银行存款余额调节表时，只根据公司银行存款日记账的余额加或减对账单中企业的未入账款项来确定公司银行存款的实有数，而且每次做完此项工作以后，小王就立即将这些未入账的款项登记入账。

问题：1. 小王对上述两项业务的处理是否正确?为什么?

2. 你能给出正确答案吗?

【案例提示】

星海公司出纳员小王对其在 2010 年 6 月 8 日和 10 日两天的现金清查结果的处理方法都是错误的。一是不能人为调节账面的平衡；二是库存现金实有数与账面数不符一定是有原因的，应先查明原因，再进行相关会计处理。他的处理方法的直接后果可能会掩盖公司在现金管理与核算中存在的诸多问题，有时可能会是重大的经济问题。因此，凡是出现账实不符的情况时，必须按照有关的会计规定进行处理。按照规定，对于现金清查中发现的账实不符，即现金溢缺情况，首先应通过“待处理财产损溢——待处理流动资产损溢”科目进行核算。现金清查中发现短缺的现金，应按短缺的金额，借记“待处理财产损溢——待处理流动资产损溢”科目，贷记“库存现金”科目；在现金清查中发现溢余的现金，应按溢余的金额，借记“库存现金”科目，贷记“待处理财产损溢——待处理流动资产损溢”科目，待查明原因后按如下要求进行处理：

一是如为现金短缺，属于应由责任人赔偿的部分，借记“其他应收款——应收现金短缺款”或“库存现金”等科目，贷记“待处理财产损溢——待处理流动资产损溢”科目；属于应由保险公司赔偿的部分，借记“其他应收款——应收保险赔款”科目，贷记“待处理财产损溢——待处理流动资产损溢”科目；属于无法查明的其他原因，根据管理权限，经批准后处理，借记“管理费用——现金短缺”科目，贷记“待处理财产损溢——待处理流动资产损溢”科目。

二是如为现金溢余，属于应支付给有关人员或单位的，应借记“待处理财产损溢——待处理流动资产损溢”科目，贷记“其他应付款——应付现金溢余”科目；属于无法查明原因的现金溢余，经批准后，借记“待处理财产损溢——待处理流动资产损溢”科目，贷记“营业外收入——现金溢余”科目。

银行存款实有数与企业银行存款日记账余额或银行对账单余额并不总是一致，原因一般有两个方面：第一，存在未达账项；第二，企业或银行双方可能存在记账错误。小王在确定企业银行存款实有数时，只考虑了第一个方面的因素，而忽略了第二个方面的因素。如果企业或银行没有记账错误的话，小王的方法可能会确定出银行存款的实有数，但如果未达账项确定不全面或错误的话，也不会确定出银行存款实有数的。另外，小王以对账单为依据将企业未入账的未达账项记入账内也是错误的。这是因为银行的对账单并不能作为记账的原始凭证，企业收款或付款必须取得收款或付款的原始凭证才能记账。这是记账的基本要求。

四、参考答案

【练习题】

（一）单项选择

1. A　2. B　3. A　4. B　5. D　6. A　7. A　8. B　9. B　10. B
11. B　12. D　13. C　14. C　15. B　16. A　17. D　18. A　19. A

（二）多项选择题

1. ABC　2. ABC　3. BCD　4. ABC　5.ABCD　6.ABCD　7.BCD　8.ABCD
9. ABCD　10. ABD　11. AC　12. CD　13.AB　14.ABCD　15.ABD　16.AD

（三）判断题

1.√　2.×　3. √　4. ×　5. √　6. ×　7. √　8. ×　9. √　10. ×
11. ×　12. √

（四）计算题

银行存款余额调节表

2011 年 6 月 30 日　　　　单位：元

项　目	金　额	项　目	金　额
企业账面的存款金额	80 000.00	银行对账单存款余额	82 425.00
加：银行已收，企业未收		加：企业已收，银行未收	8 000.00
1. 银行代收货款	4 000.00	减：企业已付，银行未付	
2. 存款利息	75.00	1. 开出的转账支票	6 000.00
减：银行已付，企业未付银行		2. 开出现金支票	500.00
代付运费	150.00		
调节后的存款余额	83 925.00	调节后的存款余额	83 925.00

银行存款余额调节表只起到对账的作用，不能根据此表进行相应的会计处理。只有有关凭证到达的时候才能进行处理入账。

（五）业务处理题

(1) 批准前：

借：待处理财产损溢——待处理流动资产损溢　　100

　贷：库存现金　　100

批准后：

借：其他应收款——李明　　50

　　管理费用　　50

　贷：待处理财产损溢——待处理流动资产损溢　　100

(2) 批准前：

借：原材料——甲材料　　1 000

　贷：待处理财产损溢——待处理流动资产损溢　　1 000

批准后：

借：待处理财产损溢——待处理流动资产损溢　　1 000

　贷：管理费用　　1 000

(3) 批准前：

借：待处理财产损溢——待处理流动资产损溢　　1 000

　贷：原材料——乙材料　　1 000

批准后：

借：营业外支出　　　　　　　　　　1 000

　贷：待处理财产损溢——待处理流动资产损溢　　　　1 000

（六）实务训练

1.

银行存款余额调节表

2011 年 9 月 30 日　　　　　　　　单位：元

项 目	金 额	项 目	金 额
企业账面的存款金额	42 594.00	银行对账单存款余额	24 158.00
加：银行已收，企业未收	488.00	加：企业已收，银行未收	28 000.00
	11 820.00	减：企业已付，银行未付	376.00
减：银行已付，企业未付	3 120.00		
调节后的存款余额	51 782.00	调节后的存款余额	51 782.00

2.

银行存款余额调节表

2011 年 7 月 31 日　　　　　　　　单位：元

项 目	金 额	项 目	金 额
企业账面的存款金额	48 989.00	银行对账单存款余额	40 245.00
加：银行已收，企业未收	3 500.00	加：企业已收，银行未收	10 000.00
减：银行已付，企业未付	2 500.00	减：企业已付，银行未付	256.00
调节后的存款余额	49 989.00	调节后的存款余额	49 989.00

第十章 会计账务处理程序

一、学习概要

账务处理程序是指会计凭证、会计账簿、会计报表相结合的方式，包括会计凭证和账簿的种类、格式，会计凭证与账簿之间的联系方法，由原始凭证到编制记账凭证、登记明细分类账和总分类账、编制会计报表的工作程序和方法等。

通过本章学习，掌握按不同单位的具体情况设置账务处理程序的基础知识和操作技能；熟悉各种账务处理程序的核算要求、步骤和使用范围；了解账务处理程序的意义和主要特点。

（一） 会计账务处理基本程序

会计账务处理基本程序如图 10.1 所示。

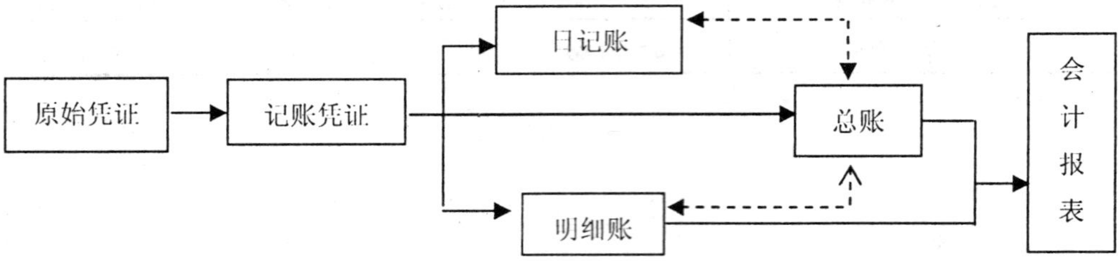

图 10.1 会计账务处理基本程序图

（二） 账务处理程序基本步骤

（1）根据原始凭证填制记账凭证。

（2）根据记账凭证登记日记账。

（3）根据记账凭证登记明细账。

（4）根据记账凭证逐笔或汇总登记总账。

（5）总账与日记账和明细账对账。

（6）根据总账和明细账编制会计报表。

（三）各种会计账务处理程序知识介绍

各种会计账务处理程序的类别、名称、特点、适用单位详见表 10.1。

表 10.1 各种会计账务处理程序知识点汇总表

类别		程序名称	特点	适用
逐笔记账程序		记账凭证程序	根据记账凭证逐笔登记三栏式总账	小企业
		日记总账程序	根据记账凭证逐笔登记多栏式日记总账	
汇总程序	凭证汇总程序	科目汇总表程序	根据科目汇总表汇总登记非对应科目的三栏式总账	大中型企业
		汇总记账凭证程序	根据汇总记账凭证汇总登记对应科目的三栏式总账	
	账簿汇总程序	多栏式日记账程序	根据多栏式日记账汇总登记带对应科目的三栏式总账	
		凭单日记账程序	根据凭单日记账汇总登记带对应科目的三栏式总账	

二、小知识

发票罚责

违反《发票管理办法》有关下列规定虚开发票的，由税务机关没收违法所得；虚开金额在 1 万元以下的，可以并处 5 万元以下的罚款；虚开金额超过 1 万元的，并处 5 万元以上 50 万元以下的罚款；构成犯罪的，依法追究刑事责任。

（1）为他人、为自己开具与实际经营业务情况不符的发票。

（2）让他人为自己开具与实际经营业务情况不符的发票。

（3）介绍他人开具与实际经营业务情况不符的发票。

非法代开发票的，依照此规定处罚。

三、练习题

（一）单项选择题

1. 企业将会计凭证、会计账簿和会计报表有机结合的方式称为 （ ）

A. 账簿组织　　B. 账务处理程序

C. 记账工作步骤　　D. 会计组织形式

2. 记账凭证账务处理程序的主要特点是 （ ）

A. 根据各种记账凭证编制汇总记账凭证

B. 根据各种记账凭证逐笔登记总分类账

C. 根据各种记账凭证编制科目汇总表

D. 根据各种汇总记账凭证登记总分类账

3. 记账凭证账务处理程序的适用范围是 ( )

A. 规模较大、经济业务量较多的单位　B. 采用单式记账的单位

C. 规模较小、经济业务量较少的单位　D. 会计基础工作薄弱的单位

4. 直接根据记账凭证逐笔登记总分类账的基本账务处理程序是 ( )

A. 记账凭证账务处理程序　B. 科目汇总表账务处理程序

C. 汇总记账凭证账务处理程序　D. 日记总账账务处理程序

5. 科目汇总表账务处理程序比记账凭证账务处理程序增设的凭证是 ( )

A. 原始凭证汇总表　B. 汇总原始凭证

C. 科目汇总表　D. 汇总记账凭证

6. 既能汇总登记总分类账，减轻总账登记工作，又能明确反映账户对应关系，便于查账、对账的账务处理程序是 ( )

A. 科目汇总表账务处理程序　B. 汇总记账凭证账务处理程序

C. 多栏式日记账账务处理程序　D. 日记总账账务处理程序

7. 科目汇总表账务处理程序的缺点是 ( )

A. 登记总分类账的工作量大　B. 程序复杂，不易掌握

C. 不能对发生额进行试算平衡　D. 不便于查账、对账

8. 记账凭证账务处理程序的缺点是 ( )

A. 不便于分工记账　B. 程序复杂、不易掌握

C. 不便于查账、对账　D. 登记总分类账的工作量大

9. 区分不同账务处理程序的根本标志是 ( )

A. 编制汇总原始凭证的依据不同　B. 编制记账凭证的依据不同

C. 登记总分类账的依据不同　D. 编制会计报表的依据不同

10. 在所有的账务处理程序中，最基础的是 ( )

A. 科目汇总表账务处理程序　B. 记账凭证账务处理程序

C. 汇总记账凭证账务处理程序　D. 日记总账账务处理程序

11. 下列各项中，属于科目汇总表汇总范围的是 ( )

A. 全部科目的借方余额　B. 全部科目的贷方余额

C. 全部科目的借、贷方发生额　D. 部分科目的借贷方发生额

12. 采用汇总记账凭证账务处理程序时，“库存现金”总账中支出栏的登记依据是 ( )

A. 现金收款凭证　　B. 现金付款凭证

C. 汇总现金付款凭证的合计数　　D. 汇总银行存款付款凭证的合计数

13. 汇总转账凭证设置的科目是 (　　)

A. 库存现金　　B. 银行存款

C. 所有凭证贷方科目　　D. 所有转账凭证贷方科目

14. 汇总记账凭证账务处理程序适用的企业是 (　　)

A. 规模较小，经济业务不多　　B. 规模较大，经济业务不多

C. 规模较小，经济业务较多　　D. 规模较大，经济业务较多

15. 科目汇总表的缺点主要是不能反映 (　　)

A. 账户借方、贷方发生额　　B. 账户借方、贷方余额

C. 账户对应关系　　D. 各账户借方、贷方发生额合计

16. 科目汇总表账务处理程序和汇总记账凭证账务处理程序的主要相同点是 (　　)

A. 登记总账的依据相同　　B. 汇总凭证的格式相同

C. 记账凭证都需汇总并且记账步骤相同　　D. 记账凭证的汇总方向相同

17. 汇总记账凭证账务处理程序下，总分类账账页格式一般采用 (　　)

A. 三栏式　　B. 多栏式

C. 设有“对应科目”栏的三栏式　　D. 数量金额式

18. 账务处理程序主要用来解决会计核算工作中的 (　　)

A. 账簿选择　　B. 会计分工

C. 技术组织方式　　D. 会计人员的责任

19. 在汇总记账凭证账务处理程序下，从银行提取现金的业务，应汇总在 (　　)

A. 汇总银行存款付款凭证　　B. 汇总现金付款凭证

C. 汇总银行存款收款凭证　　D. 汇总现金收款凭证

20. 采用汇总记账凭证账务处理程序时，总账的登记时间是 (　　)

A. 随时登记　　B. 月末一次登记

C. 随汇总记账凭证的编制时间而定　　D. 按旬登记

（二）多项选择题

1. 记账凭证账务处理程序的优点有 (　　)

A. 登记总分类账的工作量较小

B. 账务处理程序简单明了，易于理解

C. 总分类账登记详细，便于查账、对账

D. 适用于规模大、业务量多的大中型企业

2. 关于科目汇总表账务处理程序，下列说法正确的有 ( )

A. 科目汇总表账务处理程序可以大大减轻总账的登记工作

B. 科目汇总表账务处理程序可以对发生额进行试算平衡

C. 科目汇总表账务处理程序下，总分类账能明确反映账户的对应关系

D. 科目汇总表账务处理程序适用于规模较大、业务量较多的大中型企业

3. 在不同账务处理程序下，下列可以作为登记总分类账依据的有 ( )

A. 记账凭证　　B. 科目汇总表

C. 汇总记账凭证　　D. 多栏式日记账

4. 汇总记账凭证账务处理程序下，会计凭证方面除设置收款凭证、付款凭证、转账凭证外，还应设置 ( )

A. 科目汇总表　　B. 汇总收款凭证

C. 汇总付款凭证　　D. 汇总转账凭证

5. 汇总记账凭证账务处理程序的优点有 ( )

A. 总分类账的登记工作量相对较小　　B. 便于会计核算的日常分工

C. 便于了解账户之间的对应关系　　D. 编制汇总转账凭证的工作量较小

6. 账务处理程序的内容包括 ( )

A. 账簿组织　　B. 记账程序

C. 成本计算　　D. 报表分析

E. 记账方法

7. 在记账凭证账务处理程序下，应设置 ( )

A. 收款、付款、转账凭证或通用记账凭证

B. 科目汇总表　　C. 汇总记账凭证

D. 库存现金和银行存款日记账　　E. 总分类账和若干明细分类账

8. 科目汇总表账务处理程序的优点有 ( )

A. 根据科目汇总表登记总账，能大大减轻总账登记的工作量

B. 能进行登账前的试算平衡　　C. 凭证汇总工作较为简便，便于操作

D. 便于对账和查账　　E. 以上都是

9. 在汇总记账凭证账务处理程序下，要求平时编制记账凭证时一般应 ( )

A. 一借一贷　　B. 一借多贷

C. 多借一贷　　D. 多借多贷

E. 记账凭证采用单式凭证

10. 汇总记账凭证账务处理程序的缺点是 ( )

A. 登记总账工作量大
B. 不能清晰地反映账户之间的对应关系
C. 不利于经济活动的分析和检查
D. 汇总记账凭证的编制工作量大
E. 不利于日常核算工作的合理分工

11. 在汇总记账凭证账务处理程序下，总分类账可根据下列哪项登记 ( )

A. 汇总收款凭证
B. 汇总付款凭证
C. 汇总转账凭证
D. 汇总原始凭证
E. 日记账

12. 编制科目汇总表的要点是 ( )

A. 根据记账凭证按相同会计科目编制
B. 定期汇总每一会计科目的借贷方发生额之差
C. 定期汇总每一会计科目的借方发生额和贷方发生额
D. 将汇总的有关数额分别填入科目汇总表的相应栏目内
E. 会计科目汇总后进行试算平衡

13. 采用科目汇总表账务处理程序时，月末与总分类账进行核对的账目是 ( )

A. 库存现金日记账
B. 银行存款日记账
C. 各种明细分类账
D. 科目汇总表
E. 记账凭证

14. 在汇总记账凭证账务处理程序下，“主营业务收入”总账登记的依据是 ( )

A. 汇总现金收款凭证中“主营业务收入”专栏的合计数
B. 汇总银行存款收款凭证中“主营业务收入”专栏的合计数
C. 转账凭证
D. 收款凭证
E. 按“主营业务收入”设置的汇总转账凭证的合计数

15. 总分类账登记的依据有 ( )

A. 记账凭证
B. 科目汇总表
C. 汇总记账凭证
D. 原始凭证
E. 汇总原始凭证

16. 各种常用账务处理程序基本相同的依据与方法有 ( )

A. 填制记账凭证的依据相同
B. 登记明细账的依据和方法相同
C. 登记日记账的依据和方法相同
D. 登记总账的依据和方法相同
E. 编制会计报表的依据和方法相同

17. 在各种账务处理程序中，相同的账证表设置有 （ ）

A. 均应取得或编制原始凭证 B. 均应编制记账凭证

C. 均应编制汇总记账凭证 D. 均应设置总账

E. 均应编制科目汇总表

（三）判断题

1. 记账凭证账务处理程序的特点是直接根据汇总记账凭证逐笔登记总分类账和明细分类账，它是最基本的账务处理程序。 （ ）

2. 编制财务会计报告是企业账务处理程序的组成部分。 （ ）

3. 汇总记账凭证账务处理程序是最基本的账务处理程序。 （ ）

4. 汇总记账凭证账务处理程序可以简化总账的登记工作，所以适用于规模较大、经济业务较多的大中型企业单位。 （ ）

5. 汇总记账凭证与科目汇总表的汇总方法基本相同。 （ ）

6. 各种账务处理程序之间的主要区别在于登记总账的依据和方法不同。 （ ）

7. 科目汇总表可以采用全部汇总和分类汇总两种汇总方式，但任何格式的科目汇总表都不能反映账户之间的对应关系。 （ ）

8. 采用科目汇总表账务处理程序，总分类账、明细账和日记账均应根据科目汇总表登记。 （ ）

9. 不同账务处理程序之间的主要区别在于登记总分类账的依据和方法不同。 （ ）

10. 科目汇总表账务处理程序的缺点是不便于查对账目。 （ ）

11. 所有账务处理程序都要求先将所有原始凭证汇总编制成汇总原始凭证。 （ ）

12. 在记账凭证账务处理程序下，为了简化核算可以设置多栏式现金日记账、多栏式银行存款日记账。 （ ）

13. 科目汇总表可以每汇总一次就编制一张，也可以每旬汇总一次，每月编制一张。 （ ）

14. 汇总收款凭证应根据库存现金、银行存款的收款凭证分别按“库存现金”、“银行存款”的借方设置，并按对应的贷方账户定期归类汇总。 （ ）

15. 汇总转账凭证，习惯上都是按每一贷方账户分别设置，并按对方的借方账户定期归类汇总，分别登记该总分类账户的贷方和各对应账户的借方。 （ ）

16. 科目汇总表不仅能起到试算平衡作用，而且可以反映账户之间的对应关系。 （ ）

17. 在汇总记账凭证账务处理程序下，库存现金日记账可以根据汇总收、付款凭证登记。 （ ）

18. 总账的登记依据可以是明细账或日记账。 （ ）

19. 账务处理程序不同，明细分类账登记的依据就不同。（　）

20. 企业采用何种账务处理程序，不要求统一，应根据各单位规模大小、业务繁简、工作基础强弱、经营业务特点而定。（　）

（四）简答题

1.简述账务处理程序的意义。

2.简述记账凭证账务处理程序的优缺点和适用范围。

（五）实务训练

【实训目的】

进一步熟悉记账凭证账务处理程序的流程；熟练掌握本流程各步骤的处理方法，包括会计凭证的填制和审核，总账、明细账和日记账的设置、登记、核对和结算，会计报表的编制，会计档案的整理与装订；提高会计综合能力。

【实训资料】

1. 胜利羊绒制品厂概况

企业性质：羊绒衣生产加工企业

注册资金：100 万元人民币

经营范围：主要生产圆领衫、帽衫、开衫和 T 恤衫

企业组织设置：行政管理部门、生产车间

地址及电话：通达街 16 号，0451-82808888

法定代表人：王武

财务负责人；李金

开户行及银行账号：工行通达分理处 3500036302418

纳税登记号：230101932049586

会计岗位人员：出纳员——李淼，制证会计——刘泽，审核会计——赵严。

预留印鉴：法定代表人名章和企业财务专用章。

2. 会计核算规定

胜利羊绒制品厂会计实行集中核算。会计处理程序为记账凭证会计处理程序，其记账凭证采用专用记账凭证格式。

原材料、库存商品均按其品名开设明细账户进行明细核算。成本计算采用品种法，制造费用按生产工人工资标准进行分配。

产品销售价格均为不含增值税价格，增值税税率 17%，城市维护建设税税率 7%，教育费附加为 3%。

所得税按年计算，所得税税率为 25%，年终对所得税进行汇算清缴，并将税后全年净利润按国家相关法律及企业的章程进行分配，其中按净利润的 10%提取法定盈余公积，同时按净利润的 30%对投资者分配利润。

3. 开设的账户依据总账科目见表 10.2。

表 10.2　会计科目表

序号	编号	会计科目名称	序号	编号	会计科目名称
		一、资产类			三、所有者权益
1	1001	库存现金	16	4001	实收资本
2	1002	银行存款	17	4101	盈余公积
3	1122	应收账款	18	4103	本年利润
4	1221	其他应收款	19	4104	利润分配
5	1403	原材料			四、成本类
6	1405	库存商品	20	5001	生产成本
7	1601	固定资产	21	5101	制造费用
8	1602	累计折旧			五、损益类
		二、负债类	22	6001	主营业务收入
9	2001	短期借款	23	6401	主营业务成本
10	2202	应付账款	24	6403	营业税金及附加
11	2211	应付职工薪酬	25	6601	销售费用
12	2221	应交税费	26	6602	管理费用
13	2231	应付利息	27	6603	财务费用
14	2232	应付股利	28	6711	营业外支出
15			29	6801	所得税费用

4. 账户期初余额（包括总账账户和明细分类账户），见表 10.3、表 10.4。

表 10.3　总分类账户期初余额表

2010 年 12 月　　单位：元

总账账户	借方余额	总账账户	贷方余额
库存现金	2 243.00	短期借款	54 000.00
银行存款	153 638.00	应付账款	55 860.00
应收账款	60 000.00	实收资本	1 500 000.00
原材料	54 950.00	盈余公积	116 193.70
库存商品	49 817.70	本年利润	587 590.00
固定资产	2 900 000.00	利润分配	22 000.00
		累计折旧	885 005.00
合计	3 220 648.70	合计	3 220 648.70

表 10.4　明细分类账户期初余额表

2010 年 12 月　　　　　　　　　　　　　　金额单位：元

总账账户	明细账户	数量	单价	金额	
				借方	贷方
应收账款	百盛商场			45 000.00	
	世纪商场			15 000.00	
应付账款	黑龙江东风纱厂				43 000.00
	广源化工厂				12 860.00
原材料	羊绒 A001	20 千克	750.00	15 000.00	
	羊绒 A002	40 千克	750.00	30 000.00	
	驼绒 B007	40 千克	180.00	7 200.00	
	驼绒 B008	5 千克	180.00	900.00	
	洗缩剂	5 千克	50.00	250.00	
	柔顺剂	20 千克	80.00	1 600.00	
库存商品	圆领衫	50 件	214.74	10 737.00	
	帽　衫	10 件	89.94	899.40	
	开　衫	80 件	463.44	37 075.20	
	T 恤衫	15 件	73.74	1 106.10	

5. 2010 年 12 月发生的经济业务及原始凭证。

（1）12 月 1 日，从银行借入流动资金借款。有关原始凭证见 1-1。

1-1　　　　**中国工商银行借款借据第一联借据回单**

银行编号：　　　　　　立据 2010 年 12 月 1 日　　　　　　**No.002381**

<table>
<tr><td colspan="2" rowspan="2">借款单位名称</td><td rowspan="2">胜利羊绒制品厂</td><td>放款账号</td><td colspan="3">128-231085316</td><td colspan="3" rowspan="2">利率</td><td colspan="2" rowspan="2">10%</td></tr>
<tr><td>存款账号</td><td colspan="3">3500036302418</td></tr>
<tr><td colspan="4" rowspan="2">借款金额（大写）壹拾万元整</td><td>百</td><td>十</td><td>万</td><td>千</td><td>百</td><td>十</td><td>元</td><td>角</td><td>分</td></tr>
<tr><td>￥</td><td>1</td><td>0</td><td>0</td><td>0</td><td>0</td><td>0</td><td>0</td><td>0</td></tr>
<tr><td colspan="2">约定还款日</td><td>下年度 9 月 1 日</td><td>借款种类</td><td colspan="3">周转借款</td><td colspan="4">借款合同号码</td><td colspan="2">略</td></tr>
<tr><td rowspan="3">借款
用途</td><td>1 设备更新改造</td><td>4</td><td rowspan="3">还款
记录</td><td colspan="3">年 月 日</td><td colspan="4">还款金额</td><td colspan="2">余额</td></tr>
<tr><td>2</td><td>5</td><td colspan="3"></td><td colspan="4"></td><td colspan="2"></td></tr>
<tr><td>3</td><td>6</td><td colspan="3"></td><td colspan="4"></td><td colspan="2"></td></tr>
<tr><td colspan="4">根据签订的借款合同和你单位借款用途，经审查同意发放上述金额贷款。　中国工商银行　　批准人</td><td colspan="9">中国工商银行股份有限公司 通达分理处 核算专用章（银行盖转账盖章）（03）
2010 年 12 月 1 日</td></tr>
</table>

（2） 12 月 5 日购入润滑油，已验收入库。有关原始凭证见 2-1、2-2、2-3。

2-1

收料单

类别：辅助材料　　　　2010 年 12 月 5 日　　　　金额单位：元

<table>
<tr><td rowspan="3">材料编号</td><td rowspan="3">名称</td><td rowspan="3">规格型号</td><td rowspan="3">计量单位</td><td colspan="2">数量</td><td colspan="5">实际成本</td></tr>
<tr><td rowspan="2">应收</td><td rowspan="2">实收</td><td colspan="2">买价</td><td rowspan="2">运杂费</td><td rowspan="2">其他</td><td rowspan="2">合计</td></tr>
<tr><td>单价</td><td>金额</td></tr>
<tr><td></td><td>润滑油</td><td></td><td>千克</td><td>100</td><td>100</td><td>8.00</td><td>800.00</td><td></td><td></td><td>800.00</td></tr>
<tr><td colspan="2">供应单位</td><td colspan="4">大庆石油化工厂</td><td colspan="2">单据号码</td><td colspan="3"></td></tr>
<tr><td>备注</td><td colspan="10"></td></tr>
</table>

主管：李材　　记账:　　验收：王真　　采购：徐征　　制单：周道

2-2

中国工商银行转账支票存根

支票号码　3695240

附加信息

出票信息　2010 年 12 月 5 日

收款人：大庆石油化工厂

金　额：936.00

用　途：购货款

单位主管：　　　会计：

2-3

黑龙江省增值税专用发票　　　　NO 264897001

发票联

开票日期　2010 年 12 月 5 日

购货单位信息	名称：胜利羊绒制品厂 税号：230101932049586 地址电话：通达街 16 号　0451-82808888 开户行及账号：工行通达分理处　3500036302418				密码区	略	
货物或应税劳务名称	规格型号	单位	数量	单价	金额	税率	税额
润滑油		千克	100	8.00	800.00	17%	136.00
合计					¥800.00		¥136.00
价税合计（大写）玖佰叁拾陆元整					（小写）¥936.00		
销货单位信息	名称：大庆石油化工厂 税号：141010193204958 地址电话：文化路 10 号，5300888 开户行及账号：工行文化支行 3500057803626				备注		

收款人：　　复核：　　开票人：　　销货单位（章）

大庆石油化工厂 141010193204958 发票专用章

（3）12 月 8 日收到银行转来的收账通知，大庆石油化工厂归还前欠货款。见原始凭证 3-1。

3-1

中国工商银行进账单（收账通知）

2010 年 12 月 8 日

收款人	全称	胜利羊绒制品厂	付款人	全称	大庆石油化工厂
	账号	3500036302418		账号	3500057803626
	开户银行	工行通达分理处		开户银行	工行文化支行

金额	亿	千	百	十	万	千	百	十	元	角	分
人民币（大写）肆万伍仟元整				¥	4	5	0	0	0	0	0

票据种类	转	收款单位开户银行签章

中国工商银行股份有限公司哈尔滨 通达分理处 核算专用章 （03）

（4）12 月 9 日购入洗缩剂，验收入库，货款用转账支票支付。有关原始凭证见 4-1、4-2、4-3。

4-1

黑龙江省增值税专用发票 **NO 264897078**

开票日期 2010 年 12 月 9 日

购货单位信息	名　　称：胜利羊绒制品厂 税　　号：230101932049586 地址电话：通达街 16 号　0451—82808888 开户行及账号：工行通达分理处　3500036302418				密码区	（略）	
货物或应税劳务名称	规格型号	单位	数量	单价	金额	税率	税额
洗缩剂		千克	25	40.00	1 000.00	17%	170.00
合计					¥1 000.00		¥170.00
价税合计（大写）壹仟壹佰柒拾元整					（小写）¥1 170.00		
销货单位信息	名　　称：广源化工厂 税　　号：151008792645140 地 址 电 话：广源路 1 号，6825777 开户行及账号：工行广源支行 35000356082147				备注		

收款人：　　复核：　　开票人：　　销货单位（章）

4-2

收料单

类别：原料及主要材料　　2010 年 12 月 9 日　　金额单位：元

材料编号	名称	规格型号	计量单位	数量		实际成本				
				应收	实收	买价		运杂费	其他	合计
						单价	金额			
	洗缩剂		千克	25	25	40.00	1 000.00			1 000.00
供应单位		广源化工厂				单据号码				
备注										

主管：李材　记账：　验收：王真　采购：徐征　制单：周道

4-3

中国工商银行转账支票存根

支票号码 3695241

附加信息

出票信息 2010 年 12 月 9 日

收款人：广源化工厂

金　额：1 170.00

用　途：购货款

单位主管：　　会计：

（5）12 月 10 日购入羊绒和驼绒，验收入库，货款尚未支付有关原始凭证见 5-1、5-2、5-3。

5-1　　黑龙江省增值税专用发票　　NO 00834201

开票日期　2010 年 12 月 10 日

购货单位信息	名　称：胜利羊绒制品厂 税　号：230101932049586 地址电话：通达街 16 号　0451-82808888 开户行及账号：工行通达分理处　3500036302418	密码区	（略）

货物或应税劳务名称	规格型号	单位	数量	单价	金额	税率	税额
羊绒	A001	千克	80	750.00	60 000.00	17%	10 200.00
羊绒	A002	千克	70	750.00	52 500.00		8 925.00
驼绒	B008	千克	20	180.00	3 600.00		612.00
合计					¥11 6100.00		¥19 737.00

价税合计（大写）壹拾叁万伍仟捌佰叁拾柒元整	（小写）¥135 837.00
销货单位信息	名　称：黑龙江东风纱厂 税　号：11820659872013X 地址电话：北平路 15 号，82181818 开户行及账号：工行北平支行 35000726063591

收款人：　　复核：　　开票人：　　销货单位（章）

5-2

收料单

类别：原料及主要材料　　2010 年 12 月 10 日　　金额单位：元

材料编号	名称	规格型号	计量单位	数量		实际成本				
				应收	实收	买价		运杂费	其他	合计
						单价	金额			
	羊绒	A001	千克	80	80	750.00	60 000.00			60 000.00
	羊绒	A002	千克	70	70	750.00	52 500.00			52 500.00
供应单位		黑龙江东风纱厂				单据号码				
备注										

主管：李材　记账：　验收：王真　采购：徐征　制单：周道

5-3

收料单

类别：原料及主要材料　　2010 年 12 月 10 日　　金额单位：元

材料编号	名称	规格型号	计量单位	数量		实际成本				
				应收	实收	买价		运杂费	其他	合计
						单价	金额			
	驼绒	B008	千克	20	20	180.00	3 600.00			3 600.00
供应单位		黑龙江东风纱厂				单据号码				
备注										

主管：李材　记账：　验收：王真　采购：徐征　制单：周道

（6）12 月 10 日车间领用原材料用于产品生产。有关原始凭证见 6-1、6-2、6-3、6-4。

6-1

领料单

使用单位：生产车间　　2010 年 12 月 10 日　　金额单位：元

材料类别及编号：主材 1 号　材料名称：羊绒　规格型号：A001　　计量单位：千克

项目／用途	数量		金额		备注
	请领	实发	单位成本	金额	
生产圆领衫	40	40	750.00	30 000.00	
合计	40	40	750.00	30 000.00	

主管：章程　记账：　审核：严利　领料：解省　发料：王真

6-2

领料单

使用单位：生产车间　　2010 年 12 月 10 日　　金额单位：元

材料类别及编号：主材 2 号　材料名称：羊绒　规格型号：A002　　计量单位：千克

项目/用途	数量		金额		备注
	请领	实发	单位成本	金额	
生产帽衫	60	60	750.00	45 000.00	
合计	60	60	750.00	45 000.00	

主管：章程　记账:　审核：严利　领料：解省　发料：王真

6-3

领料单

使用单位：生产车间　　2010 年 12 月 10 日　　金额单位：元

材料类别及编号：主材 3 号　材料名称：驼绒　规格型号：B007　　计量单位：千克

项目/用途	数量		金额		备注
	请领	实发	单位成本	金额	
生产开衫	20	20	180.00	3 600.00	
合计	20	20	180.00	3 600.00	

主管：章程　记账:　审核：严利　领料：解省　发料：王真

6-4

领料单

使用单位：生产车间　　2010 年 12 月 10 日　　金额单位：元

材料类别及编号：主材 4 号　材料名称：驼绒　规格型号：B008　　计量单位：千克

项目/用途	数量		金额		备注
	请领	实发	单位成本	金额	
生产 T 恤衫	10	10	180.00	1 800.00	
合计	10	10	180.00	1 800.00	

主管：章程　记账:　审核：严利　领料：解省　发料：王真

（7）12 月 10 日，车间领用洗缩剂和柔顺剂。有关原始凭证见 7-1、7-2。

7-1

领料单

使用单位：生产车间　　2010 年 12 月 10 日　　金额单位：元

材料类别及编号：主材 5 号　材料名称：洗缩剂　规格型号：　　计量单位：千克

项目 / 用途	数量		金额		备注
	请领	实发	单位成本	金额	
圆领衫	4	4		200.00	
帽衫	4	4		200.00	
开衫	4	4		200.00	
T 恤衫	3	3		150.00	
合计	15	15	50.00	750.00	

主管：章程　记账：　审核：严利　领料：解省　发料：王真

7-2

领料单

使用单位：生产车间　　2010 年 12 月 10 日　　金额单位：元

材料类别及编号：主材 6 号　材料名称：柔顺剂　规格型号：　　计量单位：千克

项目 / 用途	数量		金额		备注
	请领	实发	单位成本	金额	
圆领衫	2	2		160.00	
帽衫	3	3		240.00	
开衫	3	3		240.00	
T 恤衫	2	2		160.00	
合计	10	10	80.00	800.00	

主管：章程　记账：　审核：严利　领料：解省　发料：王真

（8）12 月 10 日车间领用润滑油作为一般消耗。有关原始凭证见 8-1。

8-1

领料单

使用单位：生产车间　　2010 年 12 月 10 日　　金额单位：元

材料类别及编号：辅材 1 号　材料名称：润滑油　规格型号：　　计量单位：千克

项目 / 用途	数量		金额		备注
	请领	实发	单位成本	金额	
一般耗用	30	20		160.00	
合计	30	20	8.00	160.00	

主管：章程　记账：　审核：严利　领料：解省　发料：王真

（9）12 月 11 日签发现金支票，为职工划转发放本月工资 40 000 元。有关原始凭证见 9-1、9-2、9-3。

9-1

职工工资明细表

2010 年 12 月　　　　单位：元

姓名	出勤天数	月基本工资	经常性奖金	津贴和补贴		公积金	加班加点工资	应扣工资		应付工资	应扣项目						实发工资	领收人签章
				物价	夜班			病假	事假		养老保险	医疗保险	失业保险	公积金	个人税	应扣合计		
王武	…	…	…	…	…	…	…	…	…	2 700	…	…	…	…	…	…	2 400	
李淼	…	…	…	…	…	…	…	…	…	1 600	…	…	…	…	…	…	1 500	
李金	…	…	…	…	…	…	…	…	…	2 500	…	…	…	…	…	…	2 200	
…	…	…	…	…	…	…	…	…	…	……	…	…	…	…	…	…	……	
合计	…	…	…	…	…	…	…	…	…	50 000	…	…	…	…	…	…	40 000	

审批：　　　记账：　　　出纳：　　　复核：　　　制表：

9-2

工资结算汇总表

2010 年 12 月　　　　单位：元

车间部门	工作人员类别	应付工资											
		基础工资	经常性奖金	书报费	加班津贴	副食补贴	肉价补贴	交通补贴	误餐费	洗理费	住房补贴	岗位补贴	合计
生产车间	生产工人：	…	…	…	…	…	…	…	…	…	…	…	40 000.00
	其中圆领衫工人												12 000.00
	帽衫工人												9 000.00
	开衫工人												11 000.00
	T恤衫工人												8 000.00
	管理人员	…	…	…	…	…	…	…	…	…	…	…	2 000.00
行政部门	管理人员	…	…	…	…	…	…	…	…	…	…	…	8 000.00
合计		…	…	…	…	…	…	…	…	…	…	…	50 000.00

审批：　　　记账：　　　出纳：　　　复核：　　　制表：

9-2

中国工商银行现金支票存根

支票号码 A00887766

附加信息

收款人：胜利羊绒制品厂

金额：40 000.00

用途：发放工资

单位主管：　会计：

（10）12 月 12 日徐征借差旅费，原始凭证见 10-1。

10-1

差旅费借款单

2010 年 12 月 12 日

借款单位或部门	供应科（徐征）	借款事由	开订货会差旅费
出差地点	北京	出差时间	7 天
申请借款金额	人民币（大写）贰仟元整		¥2 000.00
批准借款金额	人民币（大写）贰仟元整		¥2 000.00

胜利羊绒制品厂 2010.12.12 现金付讫

单位负责人审批（名章）　部门负责人（名章）　记账（签字）出纳：李淼　借款人：徐征

（11）12 月 14 日购买并领用办公用品。有关原始凭证见 11-1、11-2、11-3。

11-1

商业销售发票

2010年12月

发票号码 085331511

购货单位	名称	胜利羊绒制品厂										
	税务登记代码	230101932049386										
货物或应税劳务名称		规格型号	计量单位	数量	单价	金额						
						万	千	百	十	元	角	分
碳素笔			支	10	5				5	0	0	0
稿纸			本	10	2				2	0	0	0
打印纸		A4	包	2	20				4	0	0	0
油笔			支	10	1				1	0	0	0
收据		三联	本	5	3				1	5	0	0
合计金额（大写）×万×仟壹佰叁拾伍元零角零分								1	3	5		
销货单位	名称	新世界文教用品商店										
	税务登记代码	230102589230147										

开票单位（未盖章无效）　收款人：尚有　开票人：孙波

11-2

中国工商银行转账支票存根

支票号码 A00887767

附加信息

出票日期 2010 年 12 月 14 日

收款人：新世界文教用品商店

金额：135.00

用途：购买办公用品

单位主管：　会计：

11-3

办公用品领用表

2010 年 12 月 14 日　　　　金额单位：元

领用部门	领发数量					金额	签字
	碳素笔	稿纸	打印纸	油笔	收据		
生产车间	2	2		2	2	22.00	（签名）
厂部	8	8	2	8	3	113.00	（签名）
合计	10	10	2	10	5	¥135.00	

审核：李金　　　　记账：　　　　制表：黎明

（12）12 月 15 日支付广告费。有关原始凭证见 12-1、12-2。

12-1

广告业专用发票

发票联　　　　NO 005986

（印章：全国统一发票专用章　黑龙江省地方税务局）

客户名称：胜利羊绒制品厂　　　　2010 年 12 月 15 日

项目	单位	数量	单价	金额								
				百	十	万	千	百	十	元	角	分
广告播出费	次	20	1 000			2	0	0	0	0	0	0
合计金额（大写）人民币贰万元整					¥	2	0	0	0	0	0	0

（印章：黑龙江省电视台　发票专用章）

单位（盖章有效）　　　　开票人：林海　　　　收款人：吴娜

12-2

中国工商银行转账支票存根
支票号码 A00887768
附加信息
出票日期 2010 年 12 月 14 日
收款人：黑龙江省电视台
金额：20 000.00
用途：支付广告费
单位主管：　　会计：

（13）12 月 19 日，徐征报销差旅费，退回余款。有关原始凭证见 13-1。

13-1

差旅费报销单

报销部门：供应科　　　　报销日期 2010 年 12 月 19 日　　　　金额单位：元

姓名				徐征				出差事由					开订货会				
始发				到达				公出补助			交通补助		全额报销				金额合计
月	日	时	地点	月	日	时	地点	天数	标准	金额	工具	金额	宿费	市内车费	邮电	其他	
12	12	7	哈市	12	13	9	北京				飞机	1 000					1 000
								3	50	150			300	20	10		480
12	19	8	北京	12	20	4	哈市				火车	400					400
合计										150		1 400	300	20	10		1 880
合计人民币（大写）壹仟捌佰捌拾元整								预支 2 000.00			核销 1 880.00			退回 120.00			

领导批示：王武　　部门主管：李材　　财会主管：李金　　记账：　　报销人：徐征

（14）12 月 20 日支付本月水电费。原始凭证见 14-1、14-2、14-3、14-4、14-5、14-6。

14-1

黑龙江省增值税专用发票　　　　NO 00834201

开票日期　2010 年 12 月 20 日

购货单位信息	名称：胜利羊绒制品厂 税号：230101932049586 地址电话：通达街 16 号　0451—82808888 开户行及账号：工行通达分理处　3500036302418				密码区	（略）	
货物或应税劳务名称	规格型号	单位	数量	单价	金额	税率	税额
动力电		度	8 000.00	2.00	16 000.00	17%	2 720.00
照明电		度	1 000.00	1.00	1 000.00		170.00
合计			9 000.00		¥17 000.00		¥2 890.00
价税合计（大写）壹万玖仟捌佰玖拾元整					（小写）¥19 890.00		
销货单位信息	名称：哈尔滨市南岗供电局 税号：118206598722851 地址电话：哈平路 5 号，82107777 开户行及账号：工行哈平支行 35000726056191						

收款人：　　复核：　　开票人：　　销货单位（章）

14-2

黑龙江省增值税专用发票

NO 0052167

开票日期：2010 年 12 月 20 日

购货单位信息	名　　称：胜利羊绒制品厂 税　　号：230101932049586 地址电话：通达街 16 号　0451-82808888 开户行及账号：工行通达分理处　3500036302418	密码区	（略）

货物或应税劳务名称	规格型号	单位	数量	单价	金额	税率	税额
自来水		吨	1 800.00	1.00	1 800.00	17%	306.00
合计					¥1 800.00		¥306.00

价税合计（大写）贰仟壹佰零陆元整　（小写）¥2 106.00

销货单位信息	名　　称：哈尔滨市南岗自来水公司 税　　号：118206658971354 地 址 电 话：哈平路 5 号，82107777 开户行及账号：工行哈平支行 350007260561…	备注	

收款人：　　复核：　　开票人：　　销货单位（章）

14-3

外购动力费分配表

2010 年 12 月 20 日　　金额单位：元

分配对象	耗电数量		单位	单价	金额
	动力电	照明电			
车间共用	8 000		度	2.00	16 000.00
		800	度	1.00	800.00
小计	8 000	800			16 800.00
行政部门耗用		200	度	1.00	200.00
合计	8 000	1 000			17 000.00

审批：　　记账：　　复核：　　制表：

14-4

外购水费分配表

2010 年 12 月 20 日　　　　金额单位：元

分配对象	单位	数量	单价	金额
车间共用	吨	1 400	1.00	1 400.00
行政部门耗用	吨	400	1.00	400.00
合计		1 800		1 800.00

审批：　　记账：　　复核：　　制表：

14-5

中国工商银行转账支票存根

支票号码 A00887768

附加信息

出票日期 2010 年 12 月 20 日

收款人：南岗供电局

金额：19 890.00

用途：支付电费

单位主管：　　会计：

14-6

中国工商银行转账支票存根

支票号码 A00887768

附加信息

出票日期 2010 年 12 月 20 日

收款人：哈市自来水公司

金　额：2 106.00

用　途：支付水费

单位主管：　　会计：

（15）2010 年 12 月 20 日银行结算存贷款利息。原始凭证见 15-1、15-2。

15-1　　中国工商银行 银行存款利息清算表

币种：人民币（本位币）　　2010 年 12 月 20 日　　单位：元

收款银行	名称	胜利羊绒制品厂	付款单位	名称	工行通达分理处
	账号	3500036302418		账号	35000363050000212
存款期限			平均本金	利率	利息
2010.12.1—2010.12.31			153 638	0.00277	426.81
合计人民币（大写）肆佰贰拾陆元捌角壹分					¥426.81
会计主管	记账	复核	制票		

工行通达分理处 2010.12.20 业务清讫

15-2　　中国工商银行特种转账借方传票

2010 年 12 月 20 日　　凭证号码　第 779648 号

付款银行	名称	胜利羊绒制品厂			收款单位	名称	哈尔滨通达分理处	
	账号	3500036302418				账号	35000363050000212	
	开户行	工行通达分理处	行号	363		开户行	行号	363

金额	合计人民币（大写）壹仟贰佰元整	百	十	万	千	百	十	元	角	分
			¥	1	2	0	0	0	0	0

原凭证金额		赔偿金		会计分录
原凭证名称		号码		借：
转账原因	第四季度借款利息	银行盖章		贷： 会计　复核　记账

中国工商银行股份有限公司哈尔滨通达分理处 核算专用章（03）

（16）12 月 30 日提折旧。原始凭证见 16-1。

16-1　**固定资产折旧计算表**

2010 年 12 月 31 日　　　　金额单位：元

使用单位	原值/元	年折旧率/%	本月应提折旧额/元
生产车间	800 000	0.5%	4 000
行政部门	1 500 000	0.2%	3 000
合计	2 300 000	—	7 000

审批：　　　　记账：　　　　复核：　　　　制表：

（17）12 月 30 日分配工资。原始凭证见 17-1。

17-1　**工资费用分配表**

2010 年 12 月 31 日　　　　金额单位：元

应借账户		成本或费用项目	生产工人工资	管理人员工资		合计金额
				车间人员	行政人员	
生产成本	圆领衫	直接人工	12 000			12 000
	帽　衫	直接人工	9 000			9 000
	开　衫	直接人工	11 000			11 000
	T 恤衫	直接人工	8 000			8 000
	小计		40 000			40 000
制造费用		工资		2 000		2 000
管理费用		工资			8 000	8 000
合计			40 000	2 000	8 000	50 000

审批：　　　　记账：　　　　复核：　　　　制表：

（18）12 月 30 日归集分配制造费用。原始凭证见 18-1。（按生产工人工资标准进行分配）

制造费用明细账

18-1

制造费用分配表

2010 年 12 月 31 日　　　　金额单位：元

分配对象	分配标准	分配率	分配金额
圆领衫	12 000		
帽　衫	9 000		
开　衫	11 000		
T 恤衫	8 000		
合计	40 000		

审批：　　　　记账：　　　　复核：　　　　制表：

（19）12 月 30 日计算结转完工入库产成品成本。原始凭证见 19-1。（成本金额根据前述业务和成本明细账计算填列）

圆领衫　生产成本明细账

帽　衫　生产成本明细账

开　衫　生产成本明细账

T 恤衫　生产成本明细账

19-1

产品成本计算表

2010 年 12 月 31 日　　　　金额单位：元

产品名称	完工总成本				完工产量	单位成本
	直接材料	直接人工	制造费用	成本合计		
圆领衫					230 件	
帽　衫					660 件	
开　衫					未完工	
T 恤衫					203 件	
合计						

审批：　　　　记账：　　　　复核：　　　　制表：

（20）12 月 30 日销售商品货款未收到，确认收入，结转销售成本。原始凭证见 20-1、20-2。（按加权平均法计算销售商品的单位成本和总成本，填入计算表）

20-1　　黑龙江省增值税专用发票　　NO264897001

开票日期：2010 年 12 月 20 日

购货单位信息	名　　称：哈尔滨百盛商场 税　　号：230102798456123 地 址 电 话：尚志大街 5 号 68708888 开户行及账号：工行文化支行 35000698000087	密码区	略

货物或应税劳务名称	规格型号	单位	数量	单价	金额	税率	税额
圆领衫		件	200	500.00	100 000.00	17%	17 000.00
帽　衫		件	500	200.00	100 000.00		17 000.00
开　衫		件	80	900.00	72 000.00		12 240.00
T 恤衫		件	200	150.00	30 000.00		5 100.00
合计					￥302 000.00		￥51 340.00
价税合计（大写）叁拾伍万叁仟叁佰肆拾元整					（小写）￥353 340.00		

销货单位信息	名　　称：胜利羊绒制品厂 税　　号：230101932049586 地址电话：通达街 16 号　0451—82808888 开户行及账号：工行通达分理处　3500036302418	备注

收款人：　　复核：　　开票人：　　销货单位（章）

20-2　　**产品销售成本计算表**

2010 年 12 月 31 日　　金额单位：元

产品名称及规格	本月销售		
	数量	单价（计算）	成本
圆领衫	200 件		
帽　衫	500 件		
开　衫	80 件	463.44	37 075.20
T 恤衫	200 件		
合计			

审批：　　记账：　　复核：　　制表：

（21）2010 年 12 月 31 日，计算本期应交增值税、城建税和教育费附加。原始凭证见 21-1、21-2。（金额需根据上述业务填列）

21-1　　应交增值税计算表

2010 年 12 月 31 日　　金额单位：元

借方金额					贷方金额				
进项税额	已交税额	出口抵税额	转出未交税额	合计	销项税额	出口退税额	进项税转出额	转出多交税额	合计

审批：　　记账：　　复核：　　制表：

21-2　　城建税和教育费附加计算表

2010 年 12 月 31 日　　金额单位：元

税种	计税依据	税率	税额
城建税		7%	
教育费附加		3%	
合计			

审批：　　记账：　　复核：　　制表：

（22）2010 年 12 月 31 日收到捐入现金 5 000 元，存入银行。原始凭证见 22-1。

22-1　　中国工商银行 现金存款单（回单）　　NO:101201

2010 年 12 月 31 日

收款人	全称	胜利羊绒制品厂	款项来源	捐款
	账号	3500036302418	开户行	工行通达分理处

人民币（大写）伍仟元整	十	万	千	百	十	元	角	分
		¥	5	0	0	0	0	0

辅币	券别	伍角	壹角	伍分	贰分	壹分	
	张数						
主币	券别	壹佰	伍拾	贰拾	壹拾	伍元	壹元
	张数	50					

工行通达分理处 2010.12.31 现金收讫

银行盖章　收款　复核

（23）计提当月借款利息。原始凭证见 23-1。

23-1　　借款利息计提表

2010 年 12 月 31 日　　金额单位：元

金额 项目	借款本金	年利率	本月应计利息
短期借款利息	100 000	12%	100 000×12%÷12=1 000.00
合计			¥1 000.00

审批　（签字）　记账（签字）　复核（签字）　制表（签字）

（24）2010 年 12 月 31 日，计算应交所得税。原始凭证见 24-1。（金额根据上述业务填列）

24-1　　应交所得税计算表

2010 年 12 月 31 日　　金额单位：元

本月应纳税所得额（等于本月利润总额）	税率	税额
	25%	

审批：　记账：　复核：　制表：

（25）结转本期损益。原始凭证（金额根据上述业务填列）见 25-1。

25-1　　损益类账户本期发生额汇总表

2011 年 12 月 31 日　　金额单位：元

账户名称	本期发生额	账户名称	本期发生额
主营业务收入		营业税金及附加	
其他业务收入		销售费用	
营业外收入		管理费用	
主营业务成本		财务费用	
其他业务支出		所得说费用	

审批：　记账：　复核：　制表：

（26）结转本年度净利润。原始凭证见 26-1。（金额根据上述业务填列）

26-1

本年度净利润计算表

2010 年度　　　　金额单位：元

项目	营业利润	营业外收入	营业外支出	所得税费用	净利润
金额					

审批：　　　　记账：　　　　复核：　　　　制表：

（27）分配本年利润。原始凭证见 27-1、27-2。（金额根据上述业务填列）

27-1

盈余公积金计提表

2010 年度　　　　金额单位：元

项目	本年净利润	提取率		提取金额	
		法定盈余公积	任意盈余公积	法定盈余公积	任意盈余公积
金额					

审批：　　　　记账：　　　　复核：　　　　制表：

27-2

应付利润计算表

2010 年度　　　　金额单位：元

上年未分配利润	本年可分配利润	可分配利润合计	分配比例	应付利润总额
			30%	
应付利润详细情况				
投资人	出资比例	应得利润		

审批：　　　　记账：　　　　复核：　　　　制表：

【实训准备】

1. 记账凭证共 32 张，其中：

（1）收款凭证 5 张。

（2）付款凭证 9 张。

（3）转账凭证 18 张。

2. 收付讫章和相关人员签章

3. 各类账页共 66 页

（1）三栏式总账 30 页。

（2）三栏式库存现金和银行存款日记账各 1 张。

（3）三栏式普通明细账 13 页。

（4）数量金额明细账 10 页。

（5）多栏式损益明细账 10 张。

（6）多栏式应交增值税明细账 2 页。

4. 账簿启用及交接表和科目索引表 3 张

5. 记账凭证封皮 1 张

6. 试算平衡表、资产负债表、利润表各 1 张

【实训要求】

1. 开设有关总账、明细账和日记账，登记期初余额。

2. 根据资料编制记账凭证，并经审核人员审核。

3. 根据记账凭证登记账簿，结出账户余额。

4. 对账并结账。

5. 试算并编制报表。

6. 整理和装订会计档案。

（七）案例分析

【案例导入】

孙林于 2009 年 6 月，以每月 2 000 元租用一间店面，投资创办了天山公司，主要经营各种服装的批发兼零售。6 月 1 日，孙林以公司名义在银行开立账户，存入 100 000 元作为经营所用资金。由于孙林不懂会计，他除了将平时发生业务的发票等单据都收集保存起来以外，没有作任何其他记录。到月底，孙林不清楚自己的资产、负债和所有者权益情况，也不清楚一个月的经营利润是多少？但是，他发现公司的存款反而减少，只剩下 58 987 元外加 643 元现金。另外，尽管客户赊欠的 13 300 元尚未收现，但公司也有 10 560 元货款尚未支付。除此以外，实地盘点库存服装，价值 25 800 元，孙林开始怀疑自己的经营，前来向你请教。

对孙林保存的所有单据进行检查分析，汇总一个月情况显示：

（1）投入资金存入银行，银行存款 100 000 元。

（2）内部装修及必要的设施花费 20 000 元，均已用支票支付。

（3）购入服装两批，每批价值 35 200 元，其中第一批现金购入，第二批赊购全部款的 30%。

（4）本月日零售服装收入共计 38 800 元，全部收现，存入开户银行。

（5）本月日批发服装收入共计 25 870 元，其中赊销 13 300 元，其余货款收入均存入

开户银行。

（6）支票支付店面租金 2 000 元。

（7）本月份从银行提取现金五次共计 10 000 元，其中 4 000 元支付雇员工资，5 000 元用作个人生活费，其余备日常零星开支。

（8）本月水电费 543 元，支票支付。

（9）电话费 220 元，用现金支付。

（10）其他各种杂费 137 元，用现金支付。

讨论题：试根据你所掌握的会计知识，结合天山公司的具体业务，替孙林设计一套合理的账务处理程序。

四、参考答案

（一）单项选择题

1. B　2. B　3. C　4. A　5. C　6. B　7. D　8. D　9. C　10. B
11. C　12. C　13. D　14. D　15. C　16. C　17. C　18. C　19. A　20. B

（二）多项选择题

1. BC　2. ABD　3. ABCD　4. BCD　5. AC　6. ABE　7.ADE
8. ABC　9. AC　10. DE　11. ABC　12. ACDE　13. ABC　14. ABC
15. A BC　16. ABD　17. ABE

（三）判断题

1.×　2.√　3.×　4.√　5.×　6.√　7.√　8.×　9.√　10. √
11.×　12.×　13.√　14.√　15.√　16.×　17.×　18.×　19.×　20. √

（四）简答题

1. 科学、合理地选择适用于本单位的账务处理程序，对于保证会计核算的质量，提高会计核算工作效率，充分发挥会计在管理中的作用，完成会计工作任务，具有十分重要的意义。

（1）有利于会计工作程序的规范化，确定合理的凭证、账簿与报表之间的联系方式，保证会计信息加工过程的严密性，提高会计信息的质量。

（2）有利于保证会计记录的完整性、正确性，通过凭证、账簿及报表之间的牵制作用，增强会计信息的可靠性。

（3）有利于减少不必要的会计核算环节，通过井然有序的账务处理程序，提高会计工作效率，保证会计信息的及时性。

2. 记账凭证账务处理程序的优点是：

（1）账务处理程序简单明了，易于理解。

（2）总分类账可以较详细地反映经济业务发生情况，便于查账、对账。

记账凭证账务处理程序的缺点是：由于直接根据记账凭证逐笔登记总账，总分类账的登记工作量太大。记账凭证账务处理程序一般只适用于规模较小、业务量较少的单位。在使用时，应尽量将原始凭证进行汇总，编制成汇总原始凭证，再根据汇总原始凭证编制记账凭证。

（五）实务训练

会计分录见下表。

会计分录簿（一）（（1）到（7）题答案）

序号	凭证号	摘要	一级会计科目	二级会计科目	三级会计科目	借方	贷方
1		借入流动资金存银行（附件1张）	银行存款	通达工行	人民币	100 000.00	
			短期借款	流动资金借款			100 000.00
2		付款购料入库（附件3张）	原材料	润滑油		800.00	
			应交税费	应交增值税	进项税额	136.00	
			银行存款	通达工行	人民币		936.00
3		收回账款存银行（附件1张）	银行存款	通达工行	人民币	45 000.00	
			应收账款	百盛商场			45 000.00
4		付款购货入库（附件3张）	原材料	洗缩剂		1 000.00	
			应交税费	应交增值税	进项税额	170.00	
			银行存款	通达工行	人民币		1 170.00
5		赊购羊绒入库（附件3张）	原材料			116 100.00	
			应交税费	应交增值税	进项税额	19 737.00	
			应付账款	黑龙江东风纱厂			135 837.00
6		生产产品领用材料（附件4张）	生产成本	圆领衫		30 000.00	
				帽衫		45 000.00	
				开衫		3 600.00	
				T恤衫		1 800.00	
			原材料	羊绒			75 000.00
				驼绒			5 400.00
7		生产产品领用材料（附件2张）	生产成本	圆领衫		360.00	
				帽衫		440.00	
				开衫		440.00	
				T恤衫		310.00	
			原材料	洗缩剂			750.00
				柔顺剂			800.00

续表　会计分录簿（二）（（8）到（17）题答案）

序号	凭证号	摘要	一级会计科目	二级会计科目	三级会计科目	借方	贷方
8		车间领一般耗用机油（附件1张）	制造费用	材料费		160.00	
			原材料	润滑油			160.00
9		签发现金支票划发工资（附件3张）	应付职工薪酬	工资		40 000.00	
			银行存款	通达工行	人民币		40 000.00
10		徐征借差旅费（附件1张）	其他应收款	徐征		2 000.00	
			库存现金	人民币			2 000.00
11		用存款购入办公用品已交付使用（附件3张）	制造费用	办公费		22.00	
			管理费用	办公费		113.00	
			银行存款	通达工行	人民币		135.00
12		用存款付广告费（附件2张）	销售费用	广告费		20 000.00	
			银行存款	通达工行	人民币		20 000.00
13		徐征报销差旅费（附件1张）	管理费用	差旅费		1 880.00	
			其他应收款	徐征			1 880.00
		徐征退回差旅费余款（附件见转4）	库存现金	人民币		120.00	
			其他应收款	徐征			120.00
14		用存款付水电费（附件6张）	制造费用	水电费		18 200.00	
			管理费用	水电费		600.00	
			应交税费	应交增值税	进项税款	3 196.00	
			银行存款	通达工行	人民币		21 996.00
15		收到存款利息（附件1张）	银行存款	通达工行	人民币	426.81	
			财务费用	利息收入			426.81
		支付借款利息（附件1张）	财务费用	利息支出		12 000.00	
			银行存款	通达工行	人民币		12 000.00
16		计提固定资产折旧（附件1张）	制造费用	折旧费		4 000.00	
			管理费用	折旧费		3 000.00	
			累计折旧				7 000.00
17		分配本月工资（附件1张）	生产成本	圆领衫		12 000.00	
				帽衫		9 000.00	
				开衫		11 000.00	
				T恤衫		8 000.00	
			制造费用	人工费		2 000.00	
			管理费用	人工费		8 000.00	
			应付职工薪酬	工资			50 000.00

续表 会计分录簿（三）（(18) 到（21）题答案）

序号	凭证号	摘要	一级会计科目	二级会计科目	三级会计科目	借方	贷方
18		分配制造费用（附件1张）	生产成本	圆领衫		7 314.60	
				帽衫		5 485.95	
				开衫		6 705.05	
				T恤衫		4 876.40	
			制造费用				24 382.00
19		结转完工产品成本（附件1张）	库存商品	圆领衫		49 674.60	
				帽衫		59 925.95	
				T恤衫		14 986.40	
			生产成本	圆领衫			49 674.60
				帽衫			59 925.95
				T恤衫			14 986.40
20		赊销商品（附件1张）	应收账款	百盛商场		353 340.00	
			主营业务收入	圆领衫			100 000.00
				帽衫			100 000.00
				开衫			72 000.00
				T恤衫			30 000.00
			应交税费	应交增值税	销项税额		51 340.00
		结转销售成本（附件1张）	主营业务成本	圆领衫		43 150.71	
				帽衫		45 392.05	
				开衫		37 075.20	
				T恤衫		14 363.66	
			库存商品	圆领衫			43 150.71
				帽衫			45 392.05
				开衫			37 075.20
				T恤衫			14 363.66
21		计算应交增值税（附件1张）	应交税费	应交增值税	转出未交税	28 101.00	
			应交税费	未交增值税			28 101.00
		计算应交价内税费（附件1张）	营业税金及附加			2 810.10	
			应交税费	应交城建税			1 967.01
				教育费附加			843.03

续表　会计分录簿（四）（(22) 到 (27) 题答案）

序号	凭证号	摘要	一级会计科目	二级会计科目	三级会计科目	借方	贷方
22		收捐款存银行	银行存款	通达工行	人民币	5 000.00	
		（附件1张）	营业外收入	捐赠利得			5 000.00
23		计提应付利息	财务费用	利息费用		1 000.00	
		（附件1张）	应付利息	通达工行			1 000.00
24		计算应交所得	所得税费用			28 265.41	
		税（附件1张）	应交税费	应交所得税			28 265.41
25		结转本期收入（附件1张）	主营业务收入			302 000.00	
			营业外收入			5 000.00	
			本年利润				307 000.00
		结转本期成本费用（附件见转16）	本年利润			218 468.43	
			主营业务成本				139 981.62
			营业税金及附加				2 810.10
			销售费用				20 000.00
			管理费用				13 593.00
			财务费用				12 573.19
			所得税费用				29 510.52
26		结转净利润	本年利润			88 531.57[2]	
		（附件1张）	利润分配	未分配利润			88 531.57
27		分配净利润（附件1张）	利润分配	计提盈余公积		8 853.16	
				计算应付利润		32 559.47	
			盈余公积	法定盈余公积			8 853.16[3]
			应付利润	具体投资人			32 559.47[4]

①（307 000−139 981.62−2 810.10−20 000−13 593−12 573.19）×25%=29 510.52

②（302 000−218 468.43）=88 531.57

③（88 531.57×10%）=8 853.16

④（888 531.57+22 000）×30%=32 559.47

第十一章　财务会计报告

一、学习概要

财务会计报告是企业对外提供的反映企业某一特定日期的财务状况和一定会计期间的经营成果、现金流量等会计信息的文件。财务会计报告是经济组织对外揭示并传递经济信息的手段，是财务会计确认和计量的最终成果，是构建会计要素确认、计量和报告原则并制定各项准则的基本出发点。

通过本章学习可以了解财务会计报告的意义和种类，理解财务会计报表编制与分析的基本原理和方法，掌握资产负债表和利润表的概念、作用、结构、内容和编制方法。

（一）财务会计报告的披露方式及特点

（1）财务报告不仅包括财务报表，而且包括同会计信息系统有关的其他财务报告。具体披露方式见表11.1。

表11.1　财务报告构成表

<table>
<tr><td rowspan="14">财务报告</td><td rowspan="11">财务报表</td><td rowspan="4">（1）基本财务报表</td><td>①资产负债表</td></tr>
<tr><td>②利润表</td></tr>
<tr><td>③现金流量表</td></tr>
<tr><td>④所有者权益变动表</td></tr>
<tr><td rowspan="7">（2）财务报表附注</td><td>①财务报表的编制基础</td></tr>
<tr><td>②遵循企业会计准则的声明</td></tr>
<tr><td>③重要会计政策的说明</td></tr>
<tr><td>④重要会计估计的说明</td></tr>
<tr><td>⑤会计变更及差错更正的说明</td></tr>
<tr><td>⑥对已列示的重要项目的进一步说明</td></tr>
<tr><td>⑦或有事项，报表日后非调整事项说明</td></tr>
<tr><td rowspan="3">其他财务报告</td><td rowspan="3">财务报表的辅助报告</td><td>管理当局的分析与讨论预测报告</td></tr>
<tr><td>物价变动影响报告</td></tr>
<tr><td>社会责任报告</td></tr>
</table>

（2）财务报告的特点：提供滞后性信息、历史成本信息、量化的货币信息、通用信息和含有大量估计、近似信息等。

（二）会计报表的分类

财务报表按不同方式分有多种，具体见表11.2。

表 11.2　会计报表分类

	分类方式	具体报表种类			
报表种类	按内容分	资产负债表	利润表	现金流量表	所有者权益表
	按形态分	静态表	动态表	动态表	动态表
	按时间分	月报、季报、半年报、年报	月报、季报、半年报、年报	半年报、年报	年报
	按编制单位分	个别报表、合并报表与汇总报表	个别报表、合并报表与汇总报表	个别报表、合并报表与汇总报表	个别报表、合并报表与汇总报表
	按母子公司分	合并报表与个别报表	合并报表与个别报表	合并报表与个别报表	合并报表与个别报表

（三）编制财务会计报告的基本要求

编制财务会计报告的基本要求一般有五项，见表11.3。

表 11.3　编制财务会计报告的基本要求

1	2	3	4	5
真实可靠	内容完整	计算准确	编报及时	指标可比

（四）编制财务会计报表的理论结构及编制依据

编制财务会计报表的依据及结构，见表11.4。

表 11.4　报表编制理论依据及正表的内容汇总表

报表名称	资产负债表	利润表	现金流量表	所有者权益表
理论依据	资产=负债+所有者权益	收入-费用=利润	流入-流出=净流量	资本+留存收益=所有者权益总额
编制依据	根据资产、负债和所有者权益账户余额填列	根据损益类账户发生额分析计算填列	以报表和账户相关资料分析计算，直接或间接填列	根据所有者权益账户资料分析计算填列
报表结构	账户式	多步式	分别经营、投资和筹资列示的主表与补充资料	复合多栏式的矩阵形式

（五）财务报表表首的列报要求

财务报表表首的列报要求，见表 11.5。

表 11.5　财务报表表首的列报要求

（1）	（2）	（3）	（4）	（5）
确定报表名称	明确编报企业的名称	标明披露日或会计期间	列明货币名称和计量单位	如果是合并报表的应予标明

（六）资产负债表正表的主要内容及填列方法

1. 表中各项目“年初余额”的填列

资产负债表“年初余额”栏内各项数字，应根据上年末资产负债表“期末余额”栏内所列数字填列。如果本年度资产负债表规定的各个项目的名称和内容同上年度不相一致，应对上年末资产负债表各项目的名称和数字按照本年度的规定进行调整，填入表中“年初余额”栏内。

2. 表中各项目“期末数”的填列

资产负债表“期末余额”栏内各项数字，一般应根据资产、负债和所有者权益类科目的期末余额填列。具体填列方法见表 11.6。

表 11.6　资产负债表

会企 01 表

编制单位：编制单位全称　　　　年　　月　　日　　　　单位：元

序号	资　产	期末余额	序号	负债和股东权益	期末余额
1	流动资产：	不填	34	流动负债：	不填
2	货币资金	根据三个货币资金科目余额合计填列	35	短期借款	根据该科目余额直接填列
3	交易性金融资产	根据该科目余额直接填列	36	交易性金融负债	根据该科目余额直接填列
4	应收票据	同上	37	应付票据	同上
5	应收账款	根据应收和预收账款明细账借方余额合计填列	38	应付账款	根据应付和预付账款明细账贷方余额合计填列
6	预付款项	根据应付和预付账款明细账借方余额合计填列	39	预收款项	根据应收和预收账款明细账贷方余额合计填列
7	应收利息	根据该科目余额直接填列	40	应付职工薪酬	根据该科目余额直接填列
8	应收股利	同上	41	应交税费	同上

续表 11.6

序号	资　产	期末余额	序号	负债和股东权益	期末余额
9	其他应收款	同上	42	应付利息	同上
10	存货	根据有关存货科目余额分析计算填列	43	应付股利	根据该科目余额直接填列
11	一年内到期的非流动资产	根据持有至到期投资科目余额分析计算填列	44	其他应付款	同上
12	其他流动资产	根据相关科目余额直接或计算填列	45	一年内到期的非流动负债	根据长期负债科目余额分析计算填列
13	流动资产合计	根据2～12行各项目金额合计填列	46	其他流动负债	根据相关科目余额直接计算填列
14	非流动资产：	不填	47	流动负债合计	根据35～45行各项目金额合计填列
15	可供出售金融资产	根据该科目余额直接填列	48	非流动负债：	不填
16	持有至到期投资	根据该科目余额与备抵科目余额之差填列	49	长期借款	根据该科目余额扣除一年内到期的长期借款后的差额填列
17	长期应收款	同上	50	应付债券	根据该科目余额扣除一年内到期的应付债券后的差额填列
18	长期股权投资	同上	51	长期应付款	根据该科目余额扣除一年内到期的长期应付款后的差额填列
19	投资性房地产	同上	52	专项应付款	根据该科目余额扣除一年内到期的专项应付款后的差额填列
20	固定资产	同上	53	预计负债	根据该科目余额直接填列
21	在建工程	同上	54	递延所得税负债	同上

续表 11.6

序号	资　产	期末余额	序号	负债和股东权益	期末余额
22	工程物资	同上	55	其他非流动负债	根据相关科目余额直接或计算填列
23	固定资产清理	根据该科目余额直接填列	56	非流动负债合计	根据49～55行各项目金额的合计填列
24	生产性生物资产	同上	57	负债合计	根据47和56行两项合计填列
25	油气资产	同上	58	股东权益：	不填
26	无形资产	同上	59	实收资本（或股本）	根据该科目余额直接填列
27	开发支出	同上	60	资本公积	同上
28	商誉	根据该科目余额直接填列	61	减：库存股	同上
29	长期待摊费用	同上	62	盈余公积	同上
30	递延所得税资产	根据该科目余额直接填列	63	未分配利润	根据利润分配和本年利润科目余额合计填列
31	其他非流动资产	根据相关科目余额与备抵科目余额之差填列	64	股东权益合计	根据59～63行各项合计填列
32	非流动资产合计	根据15～31行各项目金额合计填列	65		空行不填
33	资产总计	根据13和32两行金额合计填列	66	负债和股东权益总计	根据57和64两行合计填列

（七）利润表的主要内容及填列方法

1. 上期金额栏的填列方法

利润表“上期金额”栏内各项数字，应根据上年该期利润表“本期金额”栏内所列数字填列。如果上年该期利润表规定的各个项目的名称和内容同本期不相一致，应对上年该期利润表各项目的名称和数字按本期的规定进行调整，填入利润表“上期金额”栏内。

2. 本期金额栏的填列方法

利润表“本期金额”栏内各项数字，除“每股收益”项目外，一般应根据损益类科目的发生额分析填列。

具体见表 11.7。

表 11.7　利润表

会企 02 表

编制单位：　　　　　　×××年度（或×××月份）　　　　　　单位：元

行次	项　　目	本期金额
1	一、营业收入	根据该账户本期发生额分析计算填列
2	减：营业成本	同上
3	营业税金及附加	同上
4	销售费用	同上
5	管理费用	同上
6	财务费用	同上
6	资产减值损失	同上
7	加：公允价值变动损益	同上
8	投资收益	同上
9	二、营业利润	1 行减 2、3、4、5、6 行加 7、8 行=9 行
10	加：营业外收入	根据该账户本期发生额分析计算填列
11	减：营业外支出	同上
12	其中：非流动资产处置损失	同上
13	三、利润总额	9 行加 10 行减 11 行=13 行
14	减：所得税费用	根据该账户本期发生额分析计算填列
15	四、净利润	13 行减 14 行=15 行

（八）重要概念

具体见表 11.8。

表 11.8　重要概念汇总表

行次	重要概念	含　义　及　内　容
1	财务会计报告	是指企业对外提供的反映企业某一特定日期财务状况和某一会计期间经营成果的和现金流量等会计信息的文件。主要包括财务报表和其他应当在财务报告中披露的相关信息和资料
2	财务会计报告目标	是构建会计要素确认、计量和报告原则并制定各项准则的基本出发点，是财务会计确认和计量的最终成果，借此可以反映企业管理层受托责任履行情况，向财务会计报告使用者提供与财务状况、经营成果和现金流量等有关信息，是沟通企业管理层与外部信息使用者之间的桥梁和纽带，有助于财务报告使用者作出决策
3	中期财务会计报告	是指以中期基础编制的财务报告。中期，是指短于一个完整的会计年度的报告期间。中期财务会计报告，包括月报、季报和半年报等
4	财务报告附注	是指对财务报告产生的基础、依据原则和方法以及主要项目等所作的解释和说明
5	资产负债表	资产负债表是指反映企业在某一特定日期财务状况的会计报表。它反映企业在某一特定日期所拥有或控制的经济资源、所承担的现时义务和所有者对净资产的要求权
6	利润表	是反映企业在一定会计期间的经营成果的会计报表。利润表的列报必须充分反映企业经营业绩的主要来源和构成，有助于使用者判断净利润的质量及其风险，有助于使用者预测净利润的持续性，从而作出正确的决策
7	现金流量表	是指反映企业在一定会计期间现金和现金等价物流入和流出的报表
8	现金等价物	是指企业持有的期限短、流动性强、易于转换为已知金额现金、价值变动风险很小的投资

二、小知识

发票罚责

跨规定使用区域携带、邮寄、运输空白发票，以及携带、邮寄或者运输空白发票出入境的，由税务机关责令改正，可以处 1 万元以下的罚款；情节严重的，处 1 万元以上 3 万元以下的罚款；有违法所得的予以没收。

丢失发票或者擅自损毁发票的，依照此规定处罚。

三、练习题

（一）单项选择题

1. 在科目汇总表核算程序下，会计报表编制的根据是　　（　　）

A. 原始凭证　　B. 记账凭证　　C. 科目汇总表　　D. 原始凭证汇总表

2. 依照我国会计准则的要求，资产负债表采用的格式为　　（　　）

A. 单步报告式　　B. 多步报告式　　C. 账户式　　D. 混合式

3. 依照我国会计准则的要求，利润表所采用的格式为　　（　　）

A. 单步报告式　　B. 多步报告式　　C. 账户式　　D. 混合式

4. 资产负债表是反映企业什么时间财务状况的会计报表　　（　　）

A. 某一特定日期　　B. 一定时期内　　C. 某一年份内　　D. 某一月份内

5. 在下列各个会计报表中，属于反映企业对外的静态报表的是　　（　　）

A. 利润表　　B. 成本报表　　C. 现金流量表　　D. 资产负债表

6. 所有者权益变动表是　　（　　）

A. 利润表的附表　　B. 资产负债表的附表

C. 现金流量表的附表　　D. 会计报表的主表

7. 在资产负债表中，下列科目属于流动资产的是　　（　　）

A. 交易性金融资产　　B. 可供出售金融资产

C. 生产性生物资产　　D. 持有到期投资

8. “应收账款”科目所属明细科目如有贷方余额，应在资产负债表哪个项目中反映。　　（　　）

A. 预付账款　　B. 预收账款　　C. 应收账款　　D. 应付账款

9. 编制会计报表时，以“资产＝负债+所有者权益”这一会计等式作为编制依据的会计报表是　　（　　）

A. 利润表　　B. 所有者权益变动表
C. 资产负债表　　D. 现金流量表

10. 编制会计报表时，以“收入－费用＝利润”这一会计等式作为编制依据的会计报表是（　　）
A. 利润表　　B. 所有者权益变动表
C. 资产负债表　　D. 现金流量表

11. 某企业“应付账款”明细账期末余额情况如下：W 企业贷方余额为 200 000 元，Y 企业借方余额为 180 000 元，Z 企业贷方余额为 300 000 元。假如该企业“预付账款”明细账均为借方余额，则根据以上数据计算的、反映在资产负债表上“应付账款”项目的数额为（　　）
A. 680 000 元　　B. 320 000 元　　C. 500 000 元　　D. 80 000 元

12. 在利润表中，对主营业务和其他业务合并列示，而将各项利润单独列示，这一做法体现了（　　）
A. 真实性原则　　B. 配比原则　　C. 可比性原则　　D. 重要性原则

13. 填列资产负债表“期末数”栏各个项目时，下列说法正确的是（　　）
A. 主要是根据有关账户的期末余额记录填列
B. 主要是根据有关账户的本期发生额记录填列
C. 大多数项目根据有关账户的期末余额记录填列，少数项目则根据有关账户的本期发生额记录填列
D. 少数项目根据有关账户的期末余额记录填列，大多数项目则根据有关账户的本期发生额记录填列

14. 不能通过资产负债表了解的会计信息是（　　）
A. 企业固定资产的新旧程度
B. 企业资金的来源渠道和构成
C. 企业所掌握的经济资源及其分布情况
D. 企业在一定期间内现金的流入和流出的信息及现金增减变动的原因

15. 按照会计报表反映的经济内容分类，资产负债表属于（　　）
A. 财务状况报表　　B. 经营成果表　　C. 对外报表　　D. 月报

16. 资产负债表的下列项目中，需要根据几个总账账户的期末余额进行汇总填列的是（　　）
A. 长期股权投资　　B. 预计负债　　C. 货币资金　　D. 实收资本

17. 资产负债表中的“存货”项目，应根据（　　）
A. “存货”账户的期末借方余额直接填列
B. “原材料”账户的期末借方余额直接填列

C. “原材料”、“生产成本”和“库存商品”等账户的期末借方余额之和填列

D. “原材料”、“在产品”和“库存商品”等账户的期末借方余额之和填列

（二）多项选择题

1. 在利润表中，应列入“营业税金及附加”项目中的税金有（　）

A. 增值税　　B. 消费税

C. 城市维护建设税　　D. 资源税

E. 教育费附加

2. 利润表提供的信息包括（　）

A. 实现的营业收入　　B. 发生的营业成本

C. 资产减值损失　　D. 利润或亏损总额

E. 企业的财务状况

3. 企业的下列报表中，属于对外的会计报表的有（　）

A. 资产负债表　　B. 利润表

C. 所有者权益变动表　　D. 制造成本表

E. 现金流量表

4. 下列各项目中，属于资产负债表中的流动资产项目的有（　）

A. 货币资金　　B. 待摊费用

C. 应收账款　　D. 投资性房地产

E. 预收账款

5. 构成营业利润的要素主要包括（　）

A. 营业收入　　B. 营业成本

C. 营业税金及附加　　D. 销售费用

E. 管理费用

6. 按照会计报表所反映的经济内容不同，可分为（　）

A. 反映财务状况的报表　　B. 反映经营成果的报表

C. 个别会计报表　　D. 合并会计报表

E. 反映费用成本的报表

7. 会计报表的使用者包括（　）

A. 债权人　　B. 企业内部管理层

C. 投资者　　D. 潜在的投资者

E. 国家政府部门

8. 资产负债表中不属于非流动资产的项目包括（　）

A. 消耗性生物资产　　B. 待摊费用

C. 在建工程　　D. 油气资产

E. 交易性金融资产

9. 现金及现金等价物主要包括的内容有　　（　）

A. 库存现金　　B. 银行存款

C. 其他货币资金　　D. 现金等价物

E. 外埠存款

（三）判断题

1. 资产负债表是反映企业在一定时期内的资产、负债和所有者权益情况的报表。（　）

2. 企业的财务会计报告按编报时间分，分为年度、半年度、季度和月度财务会计报告。（　）

3. 利润表是反映企业月末、季末或年末取得的利润或发生的亏损情况的报表。（　）

4. 所有者权益变动表是反映企业在一定期间内所有者权益变动情况的会计报表，是资产负债表的附表。（　）

5. 目前国际上比较普遍的利润表的格式主要有多步式利润表和单步式利润表两种。为简便明晰起见，我国企业采用的是单步式利润表格式。（　）

6. 资产负债表的“期末数”栏各项目主要是根据总账或有关明细账期末贷方余额直接填列的。（　）

7. 资产负债表中“货币资金”项目反映企业库存现金、银行结算户存款、外埠存款、银行汇票存款和银行本票存款等货币资金的合计数，因此，本项目应根据“现金”、“银行存款”账户的期末余额合计数填列。（　）

8. 资产负债表中“应收账款”项目，应根据“应收账款”账户所属各明细账户的期末借方余额合计填列。如果“预付账款”账户所属有关明细账户有借方余额的，也应包括在本项目内。如果“应收账款”账户所属明细账户有贷方余额的，应包括在“预付账款”项目内填列。（　）

9. 利润表中“营业成本”项目，是反映企业销售产品和提供劳务等主要经营业务的各项销售费用和实际成本。（　）

10. 现金流量表的现金净增加额应与资产负债表中的货币资金期末数相等。（　）

（四）计算题

目的：通过本题的练习，可以使学生了解和掌握资产负债表的填列方法。

资料：某企业200×年4月30日有关科目余额见表11.9。

表 11.9　有关科目余额表

单位：元

科目名称	借方余额	贷方余额
应收账款	65 000	
坏账准备		500
预付账款		30 000
原材料	34 000	
生产成本	56 000	
库存商品	85 000	
材料成本差异		2 000
利润分配	172 500	
本年利润		210 000

要求：

（1）计算资产负债表上“应收账款”项目的净额。

（2）计算资产负债表上“存货”项目的数额。

（3）计算资产负债表上“未分配利润”项目的数额。

（五）实务训练

【业务一】

1. 目的：通过本题的练习，可以使学生了解销售过程、利润形成过程的经济业务，并掌握这些过程中经济业务的会计处理及利润报表的编制。

2. 资料：某一般纳税企业 200×年 8 月发生下列经济业务：

（1）企业销售甲产品 1 000 件，每件售价 80 元，货款已通过银行收讫。

（2）企业同城销售给红星厂乙产品 900 件，每件售价 50 元，但货款尚未收到。

（3）结转已售甲、乙产品的生产成本。其中，甲产品生产成本 65 400 元，乙产品生产成本 36 000 元。

（4）以银行存款支付本月销售甲、乙两种产品的销售费用 1 520 元。

（5）根据规定计算应缴纳城市维护建设税 8 750 元。

（6）王××外出归来报销因公务出差的差旅费 350 元（原已预支 400 元）。

（7）以现金 1 000 元支付厂部办公费。

（8）企业收到红星厂前欠货款 45 000 元并存入银行。

（9）没收某单位逾期未退回的包装物押金 6 020 元。

（10）年初，用银行存款支付车间全年材料仓库的租赁费 2 400 元。

（11）摊销应由本月负担的预付材料仓库租赁费。

（12）根据上述有关经济业务，结转本期营业收入、营业外收入。

（13）根据上述有关经济业务，结转本月营业成本、销售费用、营业税费、管理费用。

（14）根据本期实现的利润总额，按25%的税率计算应交所得税。

（15）以银行存款上交税金，其中城建税8 750元，所得税5 874元。

3. 要求：

（1）根据本期发生的经济业务编制会计分录。

（2）编制本期利润表。

表 11.10　利润表

编制单位：　　　　　　200×年度　　　　　　单位：元

项　目	本期金额
一、营业收入	
减：营业成本	
营业税金及附加	
销售费用	
管理费用	
财务费用	
资产减值损失	
加：公允价值变动损益	
投资收益	
二、营业利润	
加：营业外收入	
减：营业外支出	
其中：非流动资产处置损失	
三、利润总额	
减：所得税费用	
四、净利润	

【业务二】目的：练习资产负债表的编制。

资料：

1. 黄浦工厂2010 年资产负债表年初数（上年的年末数）如表11.11

表 11.11　资产负债表

会企 01 表

编制单位：黄埔工厂　　　　2010 年 1 月 31 日　　　　单位：元

资产	期末数	年初数	负债及所有者权益	期末数	年初数
流动资产：			流动负债：		
货币资金		88 000	短期借款		116 000
交易性金融资产			应付账款		61 200
应收票据			预收账款		6 600
应收账款		69 000	其他应付款		14 690
预付账款		7 600	应付职工薪酬		6 970
其他应收款		5 900	应交税金		25 840
存货		371 300	应付股利		4 200
待摊费用		9 000	预提费用		6 900
流动资产合计		550 800	一年内到期的长期负债		15 000
非流动资产：			流动负债合计		257 400
持有至到期投资			非流动负债：		
长期股权投资			长期借款		185 000
固定资产		378 000	应付债券		
固定资产清理			长期应付款		
在建工程			非流动负债合计		185 000
无形资产		20 000	负债合计		442 400
长期待摊费用			所有者权益：		
其他长期资产			实收资本		480 000
非流动资产合计		398 000	资本公积		2 000
			盈余公积		21 050
			未分配利润		3 350
			所有者权益合计		506 400
资产总计		948 800	负债及所有者权益总计		948 800

2. 黄浦工厂 2010 年 12 月 31 日总分类账户余额见表 11.12。

表 11.12　总分类账户余额表

账户名称	借方余额	账户名称	贷方余额
库存现金	1 000	短期借款	140 000
银行存款	102 000	应付账款	48 600
交易性金融资产	10 000	预收账款	2 500
应收票据	2 000	应付职工薪酬	15 410
应收账款	73 000	应交税费	8 430
预付账款	3 800	应付股利	25 960
其他应收款	6 400	应付利息	6 000
原材料	161 400	其他应付款	4 200
库存商品	159 800	累计折旧	70 000
生产成本	86 200	存货跌价准备	12 000
固定资产	466 000	长期借款	230 000
在建工程	30 000	实收资本	480 000
无形资产	18 000	资本公积	40 000
长期待摊费用	5 000	盈余公积	34 130
利润分配	73 030	本年利润	80 400
借方合计		贷方合计	

3. 有关明细分类账户余额如下所列。

（1）应收账款明细分类账借方余额 78 000 元；
　　应收账款明细分类账贷方余额 5 000 元。

（2）应付账款明细分类账借方余额 6 000 元；
　　应付账款明细分类账贷方余额 54 600 元。

（3）预收账款明细分类账贷方余额 2 500 元。

（4）预付账款明细分类账借方余额 3 800 元。

4. 长期借款账户中有 20 000 元系一年内到期的借款。

要求：根据上述资料编制黄浦工厂 2010 年 12 月 31 日的资产负债表。

【业务三】目的：练习资产负债表的编制。

资料： 海洋实业股份有限公司 2010 年 12 月 31 日全部总账和有关明细账余额见表 11.13。

表 11.13 总账和有关明细账余额表

单位：元

总账科目	明细账户	借方余额	贷方余额	总账科目	明细账户	借方余额	贷方余额
库存现金		20 000		短期借款			1 200 000
银行存款		300 000		应付账款			200 000
交易性金融资产		280 000			F 企业		140 000
应收账款		460 000			H 企业	100 000	
	A 企业	200 000			W 企业		160 000
	B 企业		40 000	预收账款			20 000
	C 企业	300 000			U 企业		80 000
预付账款		94 000			V 企业	60 000	
	D 企业	100 000		其他应付款			180 000
	E 企业		6 000	应付职工薪酬			694 000
其他应收款		160 000		应交税费			1 200 000
原材料		540 000		应付股利			40 000
生产成本		160 000		预提费用			60 000
库存商品		400 000		长期借款			1 280 000
待摊费用		40 000		实收资本			5 600 000
长期股权投资		4 540 000		盈余公积			1 480 585
固定资产		12 800 000		利润分配	未分配利润		9 190 145
累计折旧			1 200 000				
无形资产		1 630 730					
长期待摊费用		80 000					

要求：根据上述资料编制海洋实业股份有限公司 2010 年 12 月 31 日的资产负债表。

【业务四】目的：练习利润表的编制。

资料：

1. 海洋实业公司 2010 年 12 月份的有关收入、费用类账户的发生额资料如下：

   主营业务收入　　2 400 000 元

   主营业务成本　　1 360 000 元

营业税金及附加	80 000 元
管理费用	192 000 元
财务费用	48 000 元
销售费用	120 000 元
投资收益	160 000 元
营业外收入	30 000 元
营业外支出	19 000 元
其他业务收入	180 000 元
其他业务成本	100 000 元
所得税费用	280 830 元

2. 该公司截至 2010 年 11 月份的利润表中的有关数据见表 11.14。

表 11.14 利润表

会企 02 表

编制单位：海洋实业股份有限公司 2010 年 11 月 单位：元

项　　目	本月数	本年累计数
一、营业收入		21 500 000
减：营业成本		9 400 000
营业税金及附加		1 500 000
销售费用		1 300 000
管理费用		1 540 000
财务费用		860 000
资产减值损失		
加：公允价值变动收益		
投资收益		1 200 000
二、营业利润	（略）	8 100 000
加：营业外收入		450 000
减：营业外支出		145 000
三、利润总额		8 405 000
减：所得税		2 773 650
四、净利润		5 631 350

要求：根据上述2010年11 月份利润表及12 月份有关资料，编制2010 年12 月份利润表，见表11.15。

表11.15 利润表

会企02表

编制单位： 年 月 单位：元

项目	本月数	本年累计数
一、营业收入		
减：营业成本		
营业税金及附加		
销售费用		
管理费用		
财务费用		
资产减值损失		
加：公允价值变动收益		
投资收益		
二、营业利润		
加：营业外收入		
减：营业外支出		
三、利润总额		
减：所得税		
四、净利润		

（六）案例分析

资料：2009年9月10日，李兴开设了一家运输公司——兴达运输公司，在本月的时间里，李兴完成了以下业务：

（1）9 月10 日，李兴将现金10 000元存入公司的银行账户。

（2）9 月10 日，以个人现金直接支付9月10日至月末的房屋租金2 000元。

（3）9 月11 日，购买价格为50 000元的二手卡车，以个人直接支付20 000元现金，其余款在开出商业承兑汇票以后支付。

（4）9 月13 日，赊购小型包装及搬运工具入库3 500元。

（5）9 月14 日，从银行提现金 1 500元，放入单位金库备用。

（6）9 月14 日，以现金购买办公用品支付各种办照费用金额为1 000元。

（7）9 月14 日，用现金支付本年度的财产保险和意外保险的保费500元。

（8）9 月15 日，完成一次搬家服务，取得现金收入3 000元存入银行。

（9）9 月16 日，用银行存款支付9月13日赊购小型包装及搬运工具所欠账款3 500元。

（10）9 月20 日，对客户提供搬家服务，开出发票，应向客户收取5 000元款项尚未收到。

（11）9 月 24 日，用现金支付水电费 800 元。

（12）9 月 27 日，用现金支付各项杂费 300 元。

（13）9 月 28 日，收回客户所欠账款 5 000 元，存入银行。

（14）9 月 29 日，用现金支付员工工资 2 500 元。

（15）9 月 30 日，向银行贷款 20 000 元，期限为 2 年，存入公司账户。

（16）9 月 30 日，按收入额的 3%计算应交营业税，按应交营业税的 7%和 4%计算应缴城建税和教育费附加，按收入额的 0.1%计算防洪保安费。

（17）用银行存款上缴税费。

（18）将收入与费用转入本年利润。

要求：

（1）根据以上业务编制本月会计分录。

（2）根据会计分录设置和登记 T 型账户。

（3）根据账户记录结果编制兴达运输公司 9 月份的资产负债表及利润表。

四、参考答案

【练习题】

（一）单项选择题

1. C　2. C　3. B　4. A　5. D　6. D　7. A　8. B　9. C　10. A
11. C　12. D　13. A　14. D　15. A　16. C　17. C

（二）多项选择题

1. BCDE　2. ABCD　3. ABCE　4. ABC　5. ABCDE　6. AB　7. ABCDE
8. ABE　9. ABCD

（三）判断题

1. ×　2. √　3. ×　4. ×　5. ×　6. ×　7. ×　8. ×　9. ×　10. ×

（四）计算题

（1）资产负债表上“应收账款”项目的净额为 64 500 元。

（2）资产负债表上“存货”项目的数额为 173 000 元。

（3）资产负债表上“未分配利润”项目的数额为 37 500 元。

（五）实务训练

【业务一】

1. 根据本期发生的经济业务，编制的会计分录如下：

(1) 借：银行存款　93 600

　　贷：主营业务收入　80 000

　　　　应交税费——应交增值税（销项税额）　13 600

(2) 借：应收账款　52 650

　　贷：主营业务收入　45 000

　　　　应交税费——应交增值税(销项税额)　7 650

(3) 借：主营业务成本　101 400

　　贷：库存商品——甲产品　65 400

　　　　　　　　——乙产品　36 000

(4) 借：销售费用——甲产品　800

　　　　　　　　——乙产品　720

　　贷：银行存款　1 520

(5) 借：营业税金及附加　8 750

　　贷：应交税费——应交城市维护建设税　8 750

(6) 借：管理费用　350

　　　　库存现金　50

　　贷：其他应收款　400

(7) 借：管理费用　1 000

　　贷：库存现金　1 000

(8) 借：银行存款　45 000

　　贷：应收账款　45 000

(9) 借：其他应付款　6 020

　　贷：其他业务收入　6 020

(10) 借：待摊费用　2 400

　　贷：银行存款　2 400

(11) 借：管理费用　200

　　贷：待摊费用　200

(12) 借：主营业务收入　125 000

　　　　其他业务收入　6 020

　　贷：本年利润　131 020

(13) 借：本年利润　113 220

　　贷：主营业务成本　101 400

　　　　销售费用　　　　　　　　1 520
　　　　营业税金及附加　　　　　8 750
　　　　管理费用　　　　　　　　1 550

(14) 借：所得税费用　　5 874
　　　贷：应交税费　　　　5 874
　　借：本年利润　　5 874
　　　贷：所得税费用　　　　5 874

(15) 借：应交税费——城建税　　8 750
　　　　应交税费——所得税　　5 874
　　　贷：银行存款　　　　14 624

2. 编制的本期利润表如下。

利润表

编制单位：　　　　200×年 8 月　　　　单位：元

项　　目	本期金额
一、营业收入	131 020
减：营业成本	101 400
营业税金及附加	8 750
销售费用	1 520
管理费用	1 550
财务费用	
资产减值损失	
加：公允价值变动损益	
投资收益	
二、营业利润	17 800
加：营业外收入	
减：营业外支出	
其中：非流动资产处置损失	
三、利润总额	17 800
减：所得税费用	5 874
四、净利润	11 926

法人代表：　审计人员：　会计负责人：　审核人：　制表人：

【业务二】 根据资料编制资产负债表如下。

资产负债表

会企 01 表

编制单位：　黄浦工厂　　　　　　2010 年 12 月 31 日　　　　　　单位：元

资产	期末数	年初数	负债及所有者权益	期末数	年初数
流动资产：			流动负债：		
货币资金	103 000	88 000	短期借款	140 000	116000
交易性金融资产	10 000		应付账款	54 600	61 200
应收票据	2 000		预收账款	7 500	6 600
应收账款	78 000	69 000	其他应付款	4 200	14 690
预付账款	9 800	7 600	应付职工薪酬	15 410	6 970
其他应收款	6 400	5 900	应交税金	8 430	25 840
存货	395 400	371 300	应付股利	25 960	4 200
其他流动资产		9 000	预提费用	6 000	6 900
流动资产合计	604 600	550 800	一年内到期的长期负债	20 000	15 000
非流动资产：			流动负债合计	282 100	257 400
持有至到期投资			非流动负债：		
长期股权投资			长期借款	210 000	185 000
固定资产	396 000	378 000	应付债券		
固定资产清理			长期应付款		
在建工程	30 000		非流动负债合计	210 000	185 000
无形资产	18 000	20 000	负债合计	492 100	442 400
长期待摊费用	5 000		所有者权益：		
其他长期资产			实收资本	4 800 000	480 000
非流动资产合计	414 000	398 000	资本公积	40 000	2 000
			盈余公积	34 130	21 050
			未分配利润	7 370	3 350
			所有者权益合计	526 500	506 400
资产总计	1 053 600	948 800	负债及所有者权益总计	1 053 600	948 800

法人代表：　　审计人员：　　会计负责人：　　审核人：　　制表人：

【业务三】

根据资料编制该海洋实业股份有限公司 2010 年 12 月 31 日的资产负债表如下。

资产负债表

会企 01 表

编制单位：海洋实业股份有限公司　　2010 年 12 月 31 日　　单位：元

资产	期末数	负债及所有者权益	期末数
资产流动资产：		流动负债：	
货币资金	320 000	短期借款	1 200 000
交易性金融资产	280 000	应付票据	
应收票据		应付账款	306 000
应收账款	560 000	预收账款	120 000
预付账款	20 000	其他应付款	180 000
其他应收款	160 000	应付职工薪酬	694 000
存货	1 100 000	应交税金	1 200 000
待摊费用	40 000	应付股利	400 000
其他流动资产		预提费用	60 000
流动资产合计	2 660 000	其他流动负债流动	4 160 000
非流动资产：		非流动负债：	
长期股权投资	4 540 000	长期借款	1 280 000
固定资产	12 800 000	应付债券	
固定资产清理		长期应付款	
在建工程		非流动负债合计	1 280 000
无形资产	1 630 730	负债合计	5 440 000
长期待摊费用		所有者权益：	
其他长期资产		实收资本	5 600 000
非流动资产合计	19 050 730	资本公积	
		盈余公积	1 480 585
		未分配利润	9 190 145
		所有者权益合计	16 270 730
资产总计	21 710 730	负债及所有者权益总计	21 710 730

法人代表：　　审计人员：　　会计负责人：　　审核人：　　制表人：

【业务四】

根据2010年11月份利润表及12月份有关资料，编制2010年12月份利润表如下。

利润表

会企02表

编制单位：海洋实业股份有限公司　　2010年12 月　　单位：元

项目	本月数	本年累计数
一、营业收入	2 580 000	24 080 000
减：营业成本	1 460 000	10 860 000
营业税金及附加	80 000	1 580 000
销售费用	120 000	1 420 000
管理费用	192 000	1 732 000
财务费用	48 000	908 000
资产减值损失	0	0
加：公允价值变动收益	0	0
投资收益	160 000	1 360 000
二、营业利润	840 000	8 940 000
加：营业外收入	30 000	480 000
减：营业外支出	19 000	164 000
三、利润总额	851 000	9 256 000
减：所得税	280 380	3 054 480
四、净利润	570 170	6 201 520

法人代表：　　审计人员：　　会计负责人：　　审核人：　　制表人：

参考文献

[1] 财政部会计司编写组. 企业会计准则讲解［M］. 北京：人民出版社，2007.

[2] 杨淑媛，王涌. 基础会计［M］. 2 版. 哈尔滨：哈尔滨工业大学出版社，2011.

[3] 潘秀芹，杨淑媛，王爱国. 会计学基础习题与实训［M］. 北京：高等教育出版社，2010.

[4] 兰丽丽，张建清. 会计基础与实务［M］. 北京：中国人民大学出版社，2010.

[5] 董普. 基础会计模拟实训教程［M］. 北京：机械工业出版社，2010.

[6] 何丽. 审计实务［M］. 哈尔滨：哈尔滨工业大学出版社，2010.

[7] 魏艳华，杜国用. 会计基础与实训［M］. 上海：上海财经大学出版社，2009.

[8] 宁健，程淮中. 基础会计［M］. 2 版. 北京：中国财政经济出版社，2009.

[9] 陈文铭. 基础会计习题与案例［M］. 大连：东北财经大学出版社，2007.

[10] 王敏，郭惠云. 基础会计习题与实训［M］. 大连：东北财经大学出版社，2007.

[11] 徐金仙，陈引. 基础会计习题［M］. 上海：立信会计出版社，2005.

[12] 赵宝芳，盛强. 基础会计［M］. 北京:北京大学出版社，2009.

[13] 么冬梅，许艳明. 基础会计学［M］. 哈尔滨：哈尔滨工业大学出版社，2009.

[14] 樊行健. 基础会计［M］. 3 版. 北京：高等教育出版社，2008.

[15] 丁元霖. 会计学基础［M］. 3 版. 上海：立信出版社，2009.

[16] 唐国平. 会计学基础［M］. 北京：高等教育出版社，2008.

[17] 宁健，程淮中.基础会计［M］. 2 版. 北京：中国财政经济出版社，2009.

[18] 王爱国. 会计学基础［M］. 北京：高等教育出版社，2010.